T0208447

Desde Catalina...
con Amor

Doris Pereyra-Rosenberg

authorHOUSE®

AuthorHouse™
1663 Liberty Drive
Bloomington, IN 47403
www.authorhouse.com
Teléfono: 1 (800) 839-8640

Publicada por AuthorHouse 03/11/2020

ISBN: 978-1-7283-5047-9 (tapa blanda)
ISBN: 978-1-7283-5065-3 (libro electrónico)

Información sobre impresión disponible en la última página.

Las personas que aparecen en las imágenes de archivo proporcionadas por Getty Images son modelos. Este tipo de imágenes se utilizan únicamente con fines ilustrativos. Ciertas imágenes de archivo © Getty Images.

Editado por
Felicia y Manasés

Chaqueta de diseño, formato de texto
Y edición adicional
Por Thomas Porky McDonald

Contraportada obra (por Julio Candelario),
Fotografía de la portada, autor de fotos, portadas de fondo foto
Y todas las imágenes dentro de la colección del Autor

Este es un libro impreso en papel libre de ácido.

Dedico este libro a
Mis nietos:

Dorian

Justicia

Noah

Juniper

Eric

Lila

Maya

Los amo tanto a todos.
Doy las gracias a todos mis hijos por darme
la oportunidad de estar en la vida de mis nietos.

**Hace mucho tiempo, leí algunas palabras
que quiero compartir con ustedes:**

"Quiero rodearme de gente
Que saben cómo tocar el corazón."

"De gente que baila, canta, ríe y ama las aventuras."

"De gente a las que las luchas de la vida les
enseñaron a crecer con toques suaves en su alma
y siguen creyendo en el amor y la bondad."

Contents

(I)

El Hogar de Mis Padres
(La Casa Paterna)

(I)

El Hogar de Mis Padres (La Casa Paterna)

Mis recuerdos de ese día son como sombras. Estoy sentada en un pequeño banco de madera en nuestra casa. Es una casa de madera grande, con muchas habitaciones. Estoy sentada mirando, o sintiendo, tantas gentes a mi alrededor. No creo que les miraba, no recuerdo ninguna cara, o el color de sus vestidos, solo recuerdo el gran bulto que formaban. La gente camina lentamente a mi alrededor. Personas sin rostros o nombres, mucha gente triste, creo que estaban tristes pues de vez en cuando hacían un ruido como yo cuando me dolía la barriga. Caminan y hablan en voz baja. Alguien se detiene a acariciar mi cabeza.

Alguien me recoge y me sienta en su regazo y me habla. Alguien toma mi pequeña mano en la suya y camina conmigo a su lado, de una habitación a la otra. Cada habitación está llena de otras personas que susurran entre sí, y hacen ese ruido triste. Pero cuando pasábamos frente a la habitación de mis padres, no se detenían. Yo quería, pero no me atrevía. Nadie me llevo al dormitorio principal, el dormitorio de mis padres. Ahí dentro se escuchaba mucho ruido. Lloraban bien duro, como un niño con hambre. Yo tenía mucho miedo y apretaba la mano desconocida que me sostenía. No podía entender qué sucedía ahí dentro. Se escuchaba mucho ruido, como si personas enojadas golpearan el piso o la pared, no sé.

No podía encontrar a mi madre o mi padre. Yo buscaba sus caras en este gran bulto de gentes. Quería preguntarles, pero había mucho ruido. Tampoco podía encontrar mis hermanos. ¿Donde estaban ellos? ¿A lo mejor sentados en las piernas de otras personas, como me tomaron a mi? ¿Acariciándoles sus cabellos, susurrándoles en sus oídos? No sé qué sería lo que susurraban a nuestros oídos. A lo mejor palabras de consuelo.

Mario, Esperanza y Manasés eran mayores que yo, por lo que probablemente sabían lo que estaba ocurriendo. Y Felicia era sólo un bebé. Este día, este día que pesa tanto sobre mí a pesar de los tantos años que han pasado. Creo que nunca mis hermanos y yo hemos hablado de ese día, no sé por qué. Sin embargo, estoy segura de que este es el día en que nuestras vidas por siempre quedaron marcadas de una manera muy triste y sin regreso. El día en que nuestro padre murió.

El día que perdí a mi padre es el día en que empiezan mis recuerdos, mis memorias. Yo tenía tres años de edad. Mi padre tenía 33 años.

Mis recuerdos continúan en su forma extraña y sombría. Algunas sombras tienen más sombreado que otras, algunas son color de acero gris. Mario, Esperanza, Manasés, y Felicia caen en la gris y luego - Ni siquiera puedo distinguir sus contornos. Incluso Mamá no emerge desde el gris. No puedo verle, olerle, o sentirle como ella era de mujer joven.

Las cosas se enfocan un poco más claro en el río detrás de nuestra casa. Este rio era parte muy importante y necesaria para nuestras vidas. No solamente nos proporcionaba agua para nuestro sustento, aquí nos bañábamos, lavábamos la ropa y además, sacábamos comida. Si, jaibas, y otras muchas cosas más que no recuerdo nombres. El río para mí era mi único amigo, mi confidente. Me gustaba salir por la puerta trasera y bajar, paso a paso, lentamente, por el camino estrecho. El camino estaba lleno de flores silvestres que crecían en ambos lados. Flores azules, un color azul más profundo que el cielo, rosas rojas y rosadas, que me hacían sentir con ganas de reír, no sé por qué. Gardenias blancas, con un olor tan profundo. Este camino era encantador, aquí las mariposas y grillitos y otros animalitos parecían felices, y así me sentía yo. Yo era otro de esos animalitos o pajaritos felices, sin miedo, sin hambre. Cuando llegaba al rio, me sentía en paz, completa. Me sentía atraída por él, pero al mismo tiempo, sentía un poco de miedo cuando miraba las partes profundas. Se veía y sonaba tan amable, pero yo temía entrar sola. Tenía miedo de lo que podría estar por debajo, en las areas que no podía ver.

Cada vez que llovía mucho, el río se crecía y el agua se ponía color marrón oscuro. Me encantaba sentarme allí y mirar la gran serpiente marrón formada por las aguas corriendo hacia abajo. Me sentía tranquila allí, mirándolo y escuchando ese suave murmullo. Muchas veces, recuerdo que cuando lloraba, no sé porque, salía calladita, sin que nadie me viera, y empezaba mi terapia. Mi camino de piedras y flores, hasta llegar donde mi amigo. Me acostaba en las verdes y refrescantes yerbas que crecen a su alrededor. Aquí me sentía bien, no tristeza y recuerdo que muchas veces me quede dormida. Cada vez que mis hermanos me estaban buscando, sabían dónde encontrarme. Aquí también iba cuando me quería esconder de mi madre. Ella sabia donde encontrarme para castigarme por robar su azúcar. Yo subía al fogón, y agarraba un puñado de azúcar y bajaba, salía corriendo hacia donde mi amigo. Como el fogón era hecho de cenizas, mis huellas quedaban bien claras en el piso de la cocina y le indicaban a mi madre por donde salí.

Aunque me encantaba el rio, no me gustaba tener que ir a buscar agua para la casa. No era fácil para mi pequeño cuerpo equilibrar el pesado envase de higuera lleno de agua, en mi cabeza. Por las noches, todos compartíamos el mismo envase y la misma agua para lavarnos la cara y los pies. No recuerdo, pero ojala que sí, que laváramos nuestras caras primero, y luego los pies. Hum, no recuerdo el proceso.

Cuando llovía bien duro, el río se inundaba tanto, que sus aguas salían a los alrededores. Esto era bueno para nosotros, pues los peces de agua dulce eran abundantes. Mi hermano mayor Mario me llevaba a pescar con él. Recuerden, él era el mayor de los hermanos, y se preocupaba de darnos que comer. Con él, no tenía miedo, entraba al rio sin temor. Él era un chico fuerte, pero flaco. Yo confiaba en que él me podía proteger de la corriente del río o de lo que estaba ahí dentro. Me aferraba a los bolsillos de los pantalones cortos de color caqui y juntos caminábamos en contra de la corriente, hacia arriba. Esta aventura siempre fue como un juego para mí. Cuando el río estaba furioso por la tanta agua de la lluvia, los camarones de agua dulce saltaban en todas partes a nuestro alrededor. Yo creo que también tuve la oportunidad de agarrar unos cuantos, solo con mis manos. Me daba miedo y pena sentirles moverse en mis manos, y aunque sabía que serian nuestra cena, quería soltarles, por eso, Mario enseguida me los quitaba.

Mario también buscaba bajo las rocas. El era un experto en eso, sabía que aquí se escondían los cangrejos. Esto no lo hice nunca. Los cangrejos se enojaban y muchas veces mordieron a Mario. Pero Mario tenía una técnica. (Perdón, no recuerdo la técnica). Esto era importante porque significaba que tendríamos una muy buena cena esa noche.

Cuando regresábamos del río, hacíamos un fuego detrás de la casa con madera seca y yerba seca, y algunas rocas grandes. Nos gustaba asar nuestra captura. Ahhh asados saben tan bueno. Todavía recuerdo ese delicioso olor y sabor. Era un manjar y una fiesta para nosotros. Recuerdo estar sentada en un círculo con todos mis hermanos, recuerdo sus risas, pero no puedo ver ninguna de sus caras: No Félix o Mario o Manases, o Esperanza o Felicia o mi madre.

No recuerdo nuestra madre jamás unirse a nosotros.

Tal vez ella estaba dentro de la casa, triste y pensando o extrañando mi padre. Él fue su único amor, creo. Cuando no estaba enojada con nosotros, o gritándome a mí, cantaba canciones tristes, o simplemente se ponía en una esquina de la casa y lloraba. Recuerdo esa mujer triste, sentada en una mecedora, mirándonos, pero la mirada pasaba por encima de nosotros. Pobre mujer; probablemente estaba tratando de decidir qué hacer con este grupo de niños hambrientos. Era joven, solitaria en su dolor, y también muy enojada. Ella tenía 28 años de edad, con cinco niños de entre 3 meses y 9 años de edad.

7

Después que papá se fue, nos quedamos juntos por un tiempo.

Usualmente dormíamos 2 o 3 en una misma cama. Nuestras camas estaban hechas de madera negra, fuerte, con 4 grandes polos, uno a cada lado. El colchón estaba hecho de hojas secas mezcladas con bolas de algodón, colocados dentro de una gran tela áspera. Cada mañana, sacábamos este colchón afuera, bajo el sol, ya que algunos de los más pequeños hacían pipi en la cama todas las noches. Así que nuestro colchón siempre olía a orina, pero no nos importaba. .

De vez en cuando un tío o un primo nos visitaban. Mamá ponía ese hombre o niño en la cama con nosotros. Odiaba esto porque durante la noche, yo sentiría algo duro tocar mi cuerpo. (Hoy puedo entender), pero nunca dije nada a nadie. ¿Por qué? Tal vez pensé que era normal. Además, en el momento, no podía nombrar la cosa dura que me tocaba. ¿Un puño? Eso es lo que se sentía.

También recuerdo que mis partes íntimas picaban constantemente. Como si estuvieran en fuego. Me imagino que esto era debido a nuestra falta de higiene.

La letrina al aire libre era muy vieja y descuidada. Mama la lavaba continuamente, pero aun así, había mucha contaminación. Utilizábamos las hojas de los árboles como papel para limpiar nuestros cuerpos. A veces los chicos se limpiaban frotándose contra los postes de las paredes.

Creo que esa fue la razón principal por la que tuvimos tantas lombrices en nuestros vientres abultados. Estábamos pálidos y delgados, con grandes barrigas. Me imagino que estas lombrices comían lo poco que lográbamos comer. De vez en cuando, mamá preparaba un fuerte y amargo te con hojas que recogía por ahí. Este te era tan amargo y olía tan y tan feo.

Ella nos hacia tomar este te a primera hora en la mañana, recién nos levantábamos, con el estomago vacío. De modo que las lombrices también tenían hambre. Odiábamos tomar este te, pero ni modo, a mama no se le decía no. Después de tomarlo todo, hasta la última gota, nos sentábamos en la bacinilla (inodoro portátil) y veíamos como estas lombrices, blancas y gordas, salían de nuestros traseros. Yo salía corriendo y llorando cada vez que veía una, pero fuertes brazos me hacían volver y sentarme allí hasta que todas las lombrices salieran. No sé como mama sabia cuando salían todas, quien sabe, nunca le pregunte.

Esta memoria simplemente no se desvanece. Hoy en día, cada vez que llueve y camino fuera, no miro hacia abajo, temo ver una lombriz de tierra, ah, no me gustan para nada.

Como adulto, y como madre, trato de entender a mi madre y su comportamiento hacia nosotros. Necesito entender con el fin de no juzgarle, ella siempre quiso lo mejor para nosotros. Yo lo sé. Hay que tomar en cuenta cómo era la vida en ese entonces, las costumbres, la vida.

Ella encontró su verdadero amor y tuvieron 8 hijos. Ella lo enterró cuando tenía 28. Ella enterró a tres de sus hijos en esta época también: Julio César, Efraín, y Radame. No recuerdo los bebés varones en absoluto, sólo sus nombres.

Mis memorias de la casa paterna están envueltas en sombras y tristeza. La tristeza vivía dentro. Fuera había un mundo diferente. Nuestra casa fue construida en un elevado de tierra. Desde una ventana lateral, podía ver el inmenso valle, valle verde que se hacía más gris en la distancia. Podía ver las vacas y caballos, minúsculos en la distancia. Más cerca podía ver pollos, patos y muchos otros tipos de aves, cuyos nombres se me escapan ahora. Pero ninguno nos pertenecía, por lo tanto, solo nos conformábamos con mirarles.

La casa era grande y de madera sin terminar, áspera. Fue construida en lo alto de unas rocas grandes y fuertes. Estas rocas forman la base. Debajo de la casa era nuestro patio de recreo. Podíamos pasar por debajo de la casa, de un lado al otro. No teníamos juguetes convencionales, pero éramos inteligentes (digo yo), y teníamos una variedad de juguetes. Hacíamos muñecas de la mazorca de maíz, vacas y caballos de palitos y muchas figuras de ramas y hojas. A veces, el pollo de un vecino o el gato, venían a estropear nuestras casitas de madera y rocas. Otras veces eran los perros, que caminaban libremente por todos lados, y hasta los cerdos se revolcaban ahí abajo, parece que sentían placer en destruir nuestros arreglos.

Jugaba con mis hermanos y hermanas, pero no puedo ver sus caras o escuchar sus voces.

Cuando mi padre construyo nuestro hogar, también construyo una cocina bien grande pegada a un lado de la casa. Parece que él sabía que tendrían muchos hijos. Tenía un fogón construido con tierra, madera, y algo más - que no recuerdo qué. Mama cocinaba nuestros alimentos utilizando madera y pasto seco como combustible. Cuando mi madre cocinaba, la cocina se llenaba de humo. Tanto humo que hacia picar nuestros ojos.

La cocina era lo suficientemente grande para todos nosotros sentarnos (en el suelo). Recuerdo estar sentada en el suelo, apretada contra otros cuerpos, con hambre y esperando algún alimento de mi madre. Cuando ella hacia chocolate, lo hervía con leche y agua. Esto olía tan rico. También recuerdo el olor de gandul fresco cocinado y dulce de coco. Este dulce de coco olía y sabía lo mejor de todo. Después de que ella sacaba todo el dulce de la paila, nos dejaba lamer, con un solo dedo cada uno, la olla, el poco dulce que se pegaba en las orillas. Este dulce ella lo ponía a secar y enfriar, y luego lo cortaba en cuadritos que enviaba a la pulpería para cambiar por algún poco de arroz o habichuela.

Esta gran cocina tenía una ventana y un fregadero alto donde nosotros lavábamos los platos. Recuerdo subirme en un banquito improvisado para poder alcanzar el fregadero. Para esta tarea, tomábamos turnos. Aunque no disfrutaba esta tarea, lo hacía para deleitarme mirando el valle en la distancia. Todavía hoy cierro mis ojos y puedo ver este valle. De aquí también podía ver, aunque bien difuso, el mar en la distancia.

Árboles frutales y nogales rodeaban la casa. Recuerdo el árbol de almendras, con enormes ramas, y hojas anchas. Y el árbol de uva de playa, cargado de frutos rojos azucarados. A unos pasos por el camino, estaba el árbol de lima. Detrás de la casa un árbol de coco extendía sus amplias ramas. Muchos días, la única comida que comimos era estos cocos y frutas de nuestros árboles generosos..

¡Y las flores! Recuerdo la gardenia preciosa con flores blancas grandes que soltaban su aroma cada noche. Adoraba a ese arbusto. Cuando ya era mayor, mi madre me dijo que la gardenia era la flor favorita de mi padre.

También hacíamos uso de nuestro imponente árbol de higuera. Los grandes frutos redondos, aunque no nos servían de alimento, no por eso dejaban de ser utilizados para muchas cosas. Cuando estaban listos, les tomábamos, les sacábamos todo de dentro y les dejábamos secar al sol. Cuando estos estaban bien secos, se utilizaban para buscar agua al rio, para guardar granos y muchas otras cosas más. También mama utilizaba los retoños de este árbol para curarnos el dolor de oídos. Ella los calentaba y los exprimía y ese líquido, supuestamente, nos curaba este mal.

Me gustaba sentarme sola en frente de la casa, en ese pedazo de terreno entre nuestro hogar y nuestro árbol de almendras. Me sentaba dentro de las yerbas altas, donde nadie me viera. De aquí también podía vislumbrar el lejano mar, y soñar.

Esa es una de mis visiones o memorias más fuertes, incluso hoy en día.

Es doloroso para mí hablar de esto. Mi intención al mencionar este caso, es para decir a todos los padres jóvenes a ser extremadamente cuidadosos con sus hijos. No los dejen solos con otras personas cuando son muy niños. Este es otro triste episodio de ese pasado lejano. Pero que vive muy claro en mi memoria. Yo tenía cuatro o cinco años. Teníamos un miembro de la familia, un hombre. Me dejaban a solas con él, muchas veces. Muchas veces. No tengo ni idea de por qué nos quedamos solos. No tengo idea donde todo el mundo podría haber ido, sin mí. Se ponía de rodillas delante de mí y tocaba mis genitales con su miembro. No recuerdo ningún dolor físico, por lo que tal vez sólo tocaba la parte exterior de mis genitales. Siempre que él estaba tan cerca de mí, yo sentía un terrible olor. El tomaba un paño y se secaba. No sabía lo que estaba haciendo. Pero yo sólo sabía que no me gustaba ese olor. El olor era muy fuerte. Yo me sentía tan extraña, solo le miraba y me alejaba cuando el soltaba mis manos. No recuerdo su cara, solo su olor.

Un día de verano, unos 62 años más tarde, ya una abuela, el cartero tocó el timbre para entregar un paquete a nuestro apartamento. Al abrir la puerta, mi estómago se congeló. Olí el hombre de rodillas frente a mí, cuando era una niña. Esta fue la primera y única vez que esto sucedió.

Nunca voy a mencionar su nombre, ya que sólo traería dolor a miembros de la familia que amo. La pura verdad es que yo no guardo ira o resentimiento contra él. No era más que un hombre. No creo que él trató de lastimarme. Yo prefiero pensar que solo quería satisfacer un instinto animal. Como un cerdo o un caballo, sin consciencia de los daños que podía causarme

Durante los primeros años después de que murió papá, mamá trató de mantenernos todos unidos. Ella trabajaba lavando ropa en el río. Recogía cacao en fincas de otras personas, y el pago era llevarse a casa un poco de ese cacao. Mama secaba el cacao detrás de la casa y luego lo utilizaba para hacer chocolate caliente para nosotros. El resto lo cambiaba en la pulpería por otros alimentos. Las semillas de cacao fresco, cuando están secándose, emanan un delicioso olor a fruta, fruta madura. También recogía maní fresco, a cambio de un poco para sus hijos. Ella trabajaba como un hombre. Pobre mujer. Cuando ponía el maní a secar, detrás de la casa, nosotros agarrábamos algunos y los comíamos. Mama se enojaba pero no seriamente, sabía que teníamos hambre.

Un día llegó Estanislao Martínez. A pesar de que era el padre de Mama, nunca estuvo en su vida de niña o de joven. Tampoco cuando esta se quedo sola, viuda. Muchos años más tarde me dijo que él vino a ella porque era viejo y necesitaba un lugar para vivir. Ella no estaba contenta con esto, pero le permitió quedarse.

Una boca más que alimentar.

Poco después de que el viejo (nunca le pude llamar abuelo) llegó a vivir con nosotros, otras cosas empezaron a suceder. Un joven granjero, venía a visitar a mamá. El era casado, con muchos hijos. Era dueño de una gran cantidad de vacas y otros animales, mucha tierra y producía mucho queso y leche para venderlos a los comerciantes en el pueblo de Cabrera.

Así, cada vez que este joven hombre venia a visitar a mama, nos alegrábamos. Él nos traía queso y huevos frescos, muchos, lo suficiente para todos nosotros. Entonces, un día hay un nuevo bebé en la casa. Este niño, nuestro nuevo hermanito, era hijo de este hombre. Estoy segura de que mamá se sintió con mucha vergüenza por esta situación, pero ¿qué podía hacer? Nuestro nuevo hermanito, Rafael. Para nosotros nada cambio, todo normal, me imagino. No recuerdo ningún drama, no. Un bebe para jugar con él. De hecho, estábamos más contentos, el granjero le dio a mi madre una vaca. Esa era una mina de oro para nosotros. Cada mañana podíamos tomar leche caliente, directamente de la ubre de la vaca. Esta vaca era muy tierna, de color blanco y negro. Nunca tuvimos miedo de ella.

Mama presionó su padre en servicio. Su trabajo consistía en cuidar de esta vaca, asegurarse de que comiera yerba fresca, y de todas las mañanas, sacar la leche. Recuerdo ponerme de pie, frente a él, mientras ordeñaba la vaca, con mi jarrito de higüero en mis manos. Yo ponía este jarro bajo el vientre de la vaca, y veía como se llenaba de blanca y espumante leche.

El 'amigo' de nuestra madre continuaba visitándonos, de vez en cuando. Un buen día, sin nosotros darnos cuenta, hay otro bebe en la casa. Si, otro hermanito, Freddy. Ahora mamá tenía dos bocas más que alimentar. Al poco tiempo, el "amigo" dejó de visitar. Tal vez su esposa se enteró. Tal vez no quería tener más hijos o regalar más vacas. Nunca más le vimos. Nuestra lucha diaria para sobrevivir continuaba. Gracias a la vaca, nuestros dos hermanitos tenían leche siempre.

Usualmente mama nos enviaba lejos para los mandados. Cuando llovía, yo no quería ir afuera. Se ponía muy fangoso y yo sabía que los gusanos o lombrices saldrían arrastrándose fuera de la tierra mojada. Ninguno de nosotros poseía zapatos. Para cubrir nuestras cabezas, cortábamos las hojas grandes de plátanos. Bueno, un consuelo. Al menos no se pasa hambre en esos mandados. Mis hermanos y yo siempre nos metíamos a las fincas ajenas a robar mangos, naranjas y plátanos, o lo que se podía comer. Sin discriminar. Pero con mucho cuidado. Uno vigilaba mientras los otros hacían el "trabajo". Teníamos que evitar los animales de granja: los perros, vacas, caballos y mulas. Las vacas en las granjas eran las peores - - podían ser muy malas, les gustaba atacar a los niños. Había que trabajar rápido. Mario subía a los árboles y tiraba las frutas a nosotros. Me convertí en una buena recogedora de estas frutas. Lo que no podíamos comernos, lo llevábamos a casa para nuestra madre, y hermanos menores. Ah, también teníamos mucha suerte con el sembrado de maíz. Nos encantaba llevar mucho maíz a nuestro hogar. Luego lo asábamos y comíamos, deliciosos.

Recuerdo hacer estas cosas con mis hermanos, pero no puedo recordar sus caras.

En esos años se me declaro una enfermedad. Sufría de 'tricocéfalos' (Realmente no sé cómo se escribe eso, perdonen). Supuestamente, eran unos parásitos que se adhieren al intestino y se alimentan de la sangre de la persona. Una vez que estaba en la letrina al aire libre, parte de mi intestino salió. Grité y corrí. Mi madre y Mama Mecha, una muy buena y querida tía (la esposa de un tío), tomó un paño caliente y lo colocó en mi recto hasta que el intestino regresó al interior. Creo que los niños pobres en estas áreas remotas sobreviven porque así lo quiere Dios. El agua que bebíamos estaba contaminada. El agua de mi precioso río. Recuerdo ir a buscar agua cerca del lugar donde las vacas y caballos se bañaban.

A pesar de que pasábamos hambre, a pesar de que no teníamos abrazos, ni cariño, ni ternura, o alguien que nos añoñara como niños, estábamos felices. Es una sensación - no una memoria - que estábamos contentos, porque estábamos todos juntos: haciendo mandados juntos, durmiendo juntos, y compartiendo nuestras miserias juntas.

Pienso y deseo creer que era así.

Eso era solamente nosotros los niños. Mama era una historia diferente. Ella siempre estaba trabajando.

Y ella siempre estaba enojada. Era demasiado su carga. Una vez ella trató de colgarme de una de las vigas en la sala. Mi hermano Mario me le quito. Varias veces me llevaba al río (sí, mi precioso río otra vez) y ponía mi cabeza debajo del agua. Ella lo hacía para que yo dejara de llorar. Lloraba mucho, no sé por qué. Lloraba, tosía, me orinaba y vomitaba - todo al mismo tiempo. Tal vez por desesperación, mi pobre madre pensaba así tranquilizarme. Yo tenía que calmarme, no opción. Tenía que dejar de llorar o mis pulmones se llenaban de agua.

¿Por qué lloraba todo el tiempo? Realmente no lo sé. ¿Tal vez porque perdí mi padre???? Tal vez me hacía falta su voz cuando cantaba dulcemente uno de los canticos de la iglesia. No recuerdo las canciones pero recuerdo su voz tierna llenando la casa. Después de que murió nuestro padre, mamá estaba demasiado cansada, demasiado preocupada para pensar en nuestros sentimientos, en nuestras emociones. Imagínese, siete cuerpos pequeños que buscan más de lo que ella podía dar.

Íbamos a una pequeña escuela rural. La escuela estaba en una casa de madera grande y en mal estado, con 5 o 6 habitaciones. Todas las mañanas nos paraban en línea a cantar el Himno Nacional Dominicano y saludar la bandera. Teníamos que usar uniformes hechos de una tela de color marrón. Estos son los únicos recuerdos que tengo acerca de esta pequeña escuela rural.

Pero recuerdo el largo camino para llegar allí. Un día yo estaba caminando sola y me perdí. Deje el camino directo, sin darme cuenta, a lo mejor mirando estos árboles terribles. Este camino estaba rodeado de arboles de cacao. Y sus largas ramas parecían brazos y cabezas siniestros. Comencé a llorar. Llamé a mi abuela que vivía por allí. Al principio lloré en voz baja, pero a medida que seguía caminando sin rumbo, y no encontraba un camino, mi llanto se hizo más fuerte y más fuerte. Mamá Cora, Mamá Cora, gritaba yo. (Ella era la madre de mi padre).

Mamá Cora era buena. Un poco tímida, creo yo, en su vida personal, pero seca y sin demostraciones de cariño para nosotros. Demostraciones de una abuela. Muy pocas veces ella llegaba a nuestro hogar a visitarnos, yo no la recuerdo. Ella era una mujer hermosa, alta y esbelta. Ella vivía sola en esta zona remota. No entiendo cómo se podría vivir allí y no tener miedo. No había casas alrededor, sólo arboles de cacao. No sé cómo se ganaba la vida. Tal vez ella tenía un novio que la ayudaba, supongo.

Finalmente llegué a su casa. No tengo idea de cómo había llegado allí. Mamá Cora me preguntó si yo era la que lloraba a gritos, le dije que no. Estaba avergonzada. Me imagino que ella sabía que estaba mintiendo, porque mi nariz y mi cara estarían rojas. Pero ella pretendió creerme. No tengo nada negativo que decir sobre ella. Su nombre completo era Corina. Ella era neutral en nuestras vidas. Solo alguien que llegué a conocer un poco mejor cuando era ya adulta. Y aun así, yo realmente no la conocí, ni conectamos como abuela nieta.

No sé de donde mi madre conseguía dinero para comprar la tela para nuestros uniformes escolares. Cuando mi padre nos dejó, no teníamos medio de apoyo. Papá era sastre y trabajó todo el tiempo para alimentarnos. Era un muy buen sastre, el hacia ropa para hombres, mujeres y niños. Los campesinos le pagaban con bolsas de frijoles, arroz, maíz y hortalizas.

También fue el pastor de la iglesia. Todo el mundo quería ayudar al joven pastor y su familia. Todos le querían. Él era un hombre religioso. Pero más que eso, era un hombre bueno.

Después que nos dejó, todo esto terminó. Vivíamos de la caridad de quien quisiera ayudar. Esto no fue fácil porque casi todo el mundo en nuestro entorno también era pobre y luchando por sobrevivir. La ayuda principal que papá recibía, era de Iglesias y personas de otros campos. Al principio, estas personas querían que algunos de nosotros fuéramos a vivir con ellos, para ayudar a nuestra madre, pero ella no aceptó dejarnos ir, quería luchar y mantenernos unidos. Aún no.

Mi madre era joven y bonita. Después de un tiempo empezó a distanciarse de la gente de las iglesias. Empezó a fumar y a bailar. Estos "pecados capitales" no fueron tolerados por las iglesias de estas otras comunidades, por lo que decidieron retirar su apoyo a los huérfanos.

Cuando mi padre era muy joven, antes de conocer a mi madre, tuvo un hijo llamado Félix. Cuando mi padre murió, este joven vino a vivir con nosotros, a tratar de ayudarnos de alguna manera. Él era de unos 16 años.

Intentó aprender a coser, usando la máquina de coser de nuestro padre. Pero eso no funcionó. Mamá vendió la máquina para comprar comida.

Félix decidió trasladarse a Nagua, para ver si podía conseguir un trabajo y desde allí ayudarnos. En esos días, este viaje se tomaba 5 horas para llegar desde nuestro pueblo a Nagua. Félix fue a vivir con una familia amiga de nuestro padre. Pero él no podría ayudarnos. Esta familia poseía una tienda y Félix trabajó para ellos. A cambio, le enviaron a la escuela. Era un excelente estudiante. Ganó una beca para asistir a la universidad de Santiago. Se convirtió en un abogado. Nosotros no le vimos de nuevo por muchos, muchos años. No se olvidó de nosotros, simplemente estaba luchando por su propia vida. Él no tenía dinero para darnos. Tal vez por eso se mantuvo alejado. Además, en ese entonces no había teléfono o servicio de correo a poblaciones remotas como La Catalina.

Perdimos algo más que sustento para nuestros cuerpos, cuando mi padre nos dejó. Amor. Era tierno y paciente y nos colmaba de besos y abrazos. Era un ser humano único. Cuando yo era una mujer joven y ya un poco en control de mi vida, volví a visitar el remoto campo donde nací. La casa y la tierra se habían ido. Pero había algunos familiares que aún viven allí. Y muchos, muchos "amigos". Los mismos amigos y familiares que nos dieron la espalda cuando nuestra madre se convirtió en "pecadora".

Yo necesitaba verles de nuevo. Principalmente, necesitaba oírlos hablar de mi padre. Sí, eso más que nada. Estas personas me abrazaron y con lágrimas en los ojos me decían "tu papá fue un santo". Que tengo sus ojos, ahh eso me gusta. Ellos me cuentan historias de la vida de mi padre que yo ansiaba escuchar. Por donde caminaba, donde estaba la pequeña iglesia que el construyó, donde él y mi madre se casaron, como era de tierno con sus hijos, amigos, todos. Como se llevaba bien con todos, aunque no fueran de su iglesia, simplemente amaba su prójimo. Si pasaba por una fiesta, le llamaban a entrar, el entraba, saludaba a todos, y cuando le ofrecían un trago, les decía, "póngamelo aquí hermano, y me lo tomo cuando llegue a mi hogar."

El no se creía superior a nadie, era un hombre noble y honesto. Siento en mi corazón que están diciendo la verdad. Era tierno y paciente con nosotros. Él siempre detenía nuestra madre cuando ella intentaba castigarnos físicamente. Esto es lo que mi querida tía Fresa me dice. No creía en el castigo físico; que no podía herir a un pajarito.

Aparte de las necesidades físicas, imagino que cuando nos dejó, nos quedamos como pequeños pájaros, sin dirección o fuente de protección. Muchos años después, mi madre me contaba que yo era muy pegada a mi padre. Que cuando el regresaba de la iglesia, y se sentaba en su máquina de coser, me ponía en sus hombros, y empezaba a coser y a cantar. Mi hermana Esperanza era la hija mayor. Tenía 7 años cuando papá nos dejó.

Mamá era una mujer noble y fuerte. Ella realmente amó a un solo hombre, mi padre. Después, hubo otros hombres en su vida, pero estos hombres sirvieron a un propósito. Los necesitaba para nosotros y para ella sobrevivir. Su fuerza interior era obvia para todos nosotros. Ella exigía obediencia y respeto, y no tenia que castigarnos constantemente para disciplinarnos. Sólo una mirada era suficiente. Sus ojos nos penetraban. En sus últimos años, cuando estábamos todos ya adultos, ella se preocupaba de que, principalmente las hembras, no diéramos razón de chismes. "No es lo que hacen," nos decía. "Es lo que aparentan ser, que importa."

Cuando mi hermana y yo visitábamos nuestra madre, para ver nuestros hijos, ella nunca quería que aceptáramos amigos hombres en la casa.

"Los vecinos creen que son sus amantes," ella nos decía, "Tienes que cuidar tu reputación." Temíamos miedo de contrariarla. Una vez que olvidé con quien trataba, le dije: "Mamá, pero esa es la forma en que yo veo la situación." Y salí caminando, alejándome de ella. Ella me siguió, me agarró del hombro y me dio la vuelta. "¿Qué dijiste?"

"Nada, mamá." Wow. ¡La fuerza de aquellos ojos!

Cuando Felicia, Esperanza, o yo necesitábamos ayuda con nuestros hijos, para poder trabajar, Mamá siempre estuvo para nosotros. Mamá estaba allí, dispuesta para lo que fuera. Ella amaba sus nietos inmensamente. Los nietos la querían mucho también, pero también la respetaban con cierto temor.

Ella les daba permiso para que salieran a la calle, frente de la casa, a jugar, después que hacían sus obligaciones de la escuela o de la casa.

"Pero una cosa les advierto, no regresen sudados", ella les decía,

¿Puede usted imaginar, en un país tropical, con el sol caliente, tratando de jugar y a la misma vez, no sudar?

Sean cuales fueran sus excentricidades, tengo gran respeto y agradecimiento por mi madre. Su propia madre murió cuando ella era una niña pequeña. La hermana de su madre, su tía Nenena, la crio y la mantuvo hasta que se casó con mi padre. Entonces mi padre muere y la deja con todos nosotros. Después de un par de años tratando de mantenernos a todos juntos, mi madre se rindió. Ella nos distribuyo a los familiares y amigos - hogares que podrían alimentarnos y enviarnos a la escuela. Esto era algo muy normal. Era una cuestión de supervivencia. Pero ese fue el comienzo de nuestro alejamiento como hermanos. Mamá se quedó con los más pequeños, Rafael y Freddy.

Esperanza, Felicia, y yo fuimos a vivir con Nenena. Ella fue la tía que crió a mi madre. A veces me pregunto sobre esa decisión.

(II)

Nenena

(II)

Nenena

La última mañana en la casa de mi madre me
levanté antes que las gallinas. Tenía que hacer algunas
cosas. Me imagino yo tendría alrededor de 6 años de
edad. Me salí de la casa y caminé muy lentamente por
mi hermoso camino que conduce al río. Hablé con mis
alegres flores silvestres en el camino. Les dije que me
esperaran, que no me quiero ir, pero que mamá pensaba
que debíamos irnos, por nuestro propio bien. (Esas
fueron sus palabras cuando protestamos). Les dije a mis
flores que mamá no podía mantenernos juntos porque
comíamos demasiado y que no tenía dinero o un hombre
bueno para ayudarla. Yo trataba de convencerles, y a lo
mejor era convenciéndome a mí misma. Al llegar al río
me senté. Éste era mi lugar. El río y yo lo sabíamos.
También a mi rio le expliqué mi situación y mi promesa
de volver pronto. El río me respondió, al igual que las
flores me respondieron, con su fuerte fragancia. El río
era más melodioso esa mañana, me hablaba.

No sé cuánto tiempo pasé ahí, en un trance, como solo la imaginación de un niño puede sentir. La siguiente cosa que recuerdo fue mi madre gritándome. Ahh, desperté.

"¿Qué crees que estás haciendo? ! Tu sabes que tienes que salir!"

"Está bien mamá," le dije. "Adiós río," susurré. "Voy a verte pronto."

De regreso a la casa, por mi mismo caminito, vi algo que había olvidado. Mis lindas y perfumadas Gardenias. ¡Me había olvidado por completo! "Adiós mis amigas gardenias blancas, volveré pronto". Quería decir adiós a las palmas, a los cocos, las grandes ramas de mis uvas, el almendro, los naranjos y limones, los gandules, los tomates, maíz y frijoles. Y también quería decir adiós a la vaca suave y generosa. Había sido tan buena con nosotros. Pero mi madre estaba de pie junto a mí. No tuve más remedio que unirme a Esperanza y Felicia. Eso es todo lo que recuerdo de esa mañana. No recuerdo ninguna sensación de tristeza por dejar atrás mis hermanos, mi casa o mi madre.

Para llegar a la casa de Nenena en aquellos días, tuvimos que caminar durante mucho tiempo, yo estaba cansada. Para llegar a Cabrera, cruzamos dos ríos con piedras de todos los tamaños y formas. Salté de roca en roca. Después de eso, yo no recuerdo nada del viaje, pero me imagino que alguien nos condujo desde Cabrera a San Felipe. San Felipe es un pueblo cerca de Pimentel, donde Nenena tenía su mansión.

Recuerdo la primera vez que vi la casa de Nenena. Era tarde, pero el sol aún brillaba. La casa era enorme e imponente. Recuerdo la casa, pero no recuerdo a nadie que saliera a recibirnos. Pronto iba a entender. La casa estaba ubicada en medio de una inmensa finca. Mucha tierra a ambos lados. Muchos árboles, eso me gustó. Era una finca muy activa. Nenena tenía unos 10 hombres que trabajan la tierra; venían todas las noches para recibir su pago.

Aunque no puedo recordar a mi madre como una mujer joven, recuerdo a Nenena. Era alta y elegante, y ella siempre se movía como una reina. Caminaba como si fuera una estrella de cine. Una estrella de cine frustrada.

Nenena era una mujer dura y cruel. Ella nunca tuvo hijos. Tuvo unos cuantos maridos, algunos murieron, algunos se divorciaron de ella. En su juventud, ella era hermosa y arrogante. Cuando ella nos llevó a vivir a su hogar, me imagino ella estaba probablemente en sus 40.

A la hora de comer, el primer día, ella nos dijo que teníamos que aprender a ser "damas." No tenía idea de esta orden. Esperanza, Felicia, y yo nos sentamos en las sillas que ella nos asignó, y esperamos la próxima orden. La mesa era grande, con un mantel precioso, jugos, sopas, y otros platos que parecían tan deliciosos. Pero nadie se movía. Ahí estaban, imponentes, ella y su esposo, Don Turín.

Don Turín vestido formalmente con un traje gris, mantenía su cabeza baja. Creo que temía seriamente a Nenena. No decía nada cuando estábamos alrededor, y desde luego, tampoco se atrevió a defendernos cuando ella nos torturaba.

Llegamos donde Nenena sin la más mínima idea de lo que significaba tener modales o "ser una dama." Mamá no tenía el tiempo o la inclinación para enseñarnos. Estaba demasiado ocupada tratando de conseguir nuestra comida diaria. Bueno, Nenena tenía el tiempo y la inclinación. Y así lo hizo. Tuvimos que aprender a comer con cuchillo y tenedor, y a decir: "¿Podría por favor pasar la salsa?", o "¿Puedo ser excusada?"

Esperanza, por ser la más mayor, le fue más fácil entender estas instrucciones. Felicia y yo nos quedábamos como tontas, mirándole la cara. Yo empezaba con el tenedor, lo que era muy difícil para mí. De repente, sin pensarlo, tomaba un pedazo de algo con mis dedos. ¡Puá! Nenena golpeaba mi mano con su regla. El dolor traía lágrimas a mis ojos, pero no se nos permitía llorar, así que a tragarnos las lagrimas. Cada vez que me golpeaba con su regla, salían volando pedazos de comida. Yo tenía que limpiar la comida, regresar a la mesa y volver a comer con un tenedor y un cuchillo. No podía dejar de comer, aunque a la misma vez los sollozos me ahogaban. Nenena me pegaría de nuevo.

Tan malo como lo fue para mí, fue peor para Felicia. Llegaba a la mesa ya llorando. Ella sabía lo que venía. Oh, la ironía. Teníamos tanta comida, pero no queríamos comer. Teníamos miedo. Mi pobre hermana Felicia sufrió tanto. Después de un mes más o menos de esta tortura, llegamos al punto en que los golpes de mano no eran tan a menudo. Sólo algunas veces, cuando por descuido olvidábamos, y en lugar de usar la servilleta; dobladita y muy blanca, nos limpiábamos la boca con los brazos o las faldas. Entonces ella nos golpeaba con la regla y nos ordenaba a continuar comiendo. Aquí había de todo. Lagrimas saliendo de los ojos y de la nariz.

Después de la cena, nos refugiábamos en nuestro cuarto a darnos masajes en nuestros brazos y manos y a dejar que las lágrimas salieran libremente.

A veces íbamos a la cocina. La señora que trabajaba ahí, doña María, nos daba comida. Ella sabía lo que sufríamos. Ella también temía hablar con nosotros y nosotros con ella. Sólo cuando Nenena dormía su siesta o estaba de viaje, podíamos ser libres y relajarnos por un rato.

Esperanza hizo mejor con los modales en la mesa, pero luego Nenena se volvió contra ella.

Esperanza tenía 10 años cuando llegamos allí. Era tan hermosa y fresca y con una mirada traviesa natural en su cara. Ella tenía un carácter alegre. A ella le gustaba cantar y bailar, incluso sin música. Ella sabía que era bonita y estaba feliz por ello.

Parecía que Nenena resentía la belleza y juventud de Esperanza. Ella la atormentaba frente a Don Turín, la golpeaba con un palo de madera grande que guardaba para ese propósito. Cuando mi hermana lloraba, le golpeaba más. Porque Nenena decía que estaba llorando para que Don Turín la protegiera. Pero si mi hermana no lloraba, entonces le golpeaba más, pues significaba que ella estaba mostrando que era valiente, para impresionar a Don Turín. No había forma de contener la fiera. Los golpes de Nenena dejaban mi bella hermana con moretones y rasguños en su carita, brazos y espalda. Nenena la golpeaba por lo menos dos veces a la semana.

Mientras tanto, la pobre Felicia era golpeada todos los días. Felicia, mi pobre Pichón, tan flaquita y frágil, era como un pajarito asustado todo el tiempo. Ella se orinaba en la cama todas las noches. Se imaginan, con esta tortura, la pobre, de alguna forma tenia que dejar salir su angustia. Dormíamos juntas, siempre nuestra cama olía a ella. Temprano por la mañana llevábamos el colchón detrás de unos arbustos para que se secara en el sol. Pero Nenena veía todo, todo.

Felicia se levantaba llorando. Ella no podía parar. Ella sabía lo que venía. Incluso hoy en día siento tanto resentimiento por esa cruel mujer. Nenena nos golpeaba con lo que pudiera agarrar. Cuando nos golpeaba con ramas secas de los árboles de palma, nuestra piel ardía como en fuego, por horas. Si mojábamos nuestros cuerpos para tratar de aliviar el ardor, entonces se sentía más. Las ramas eran como un pulpo, con un montón de tentáculos puntiagudos. Tal era nuestra vida en la mansión.

Esta grande y triste casa tenía muchas habitaciones. Felicia y yo dormíamos en un dormitorio. Esperanza compartía un cuarto con la sirvienta. A lo mejor Nenena lo hizo así para que Doña María mantuviese control de mi Hermana. Había una habitación que Nenena mantenía cerrada con un candado gigante en la puerta. No nos permitía entrar allí. Sólo la loca de Nenena iba allí con sus pacientes. Sí, ella tenía pacientes. Sus pacientes eran principalmente personas locas.

Sí, es que ella era una bruja. Una bruja de verdad, real, cruel.

Veíamos que le traían personas amarradas, y vendadas. Las llevaban a su cuarto de brujería. La persona podría estar atada y gritando, echando espuma por la boca. Bueno, permanecían allí, en esa misteriosa habitación por horas. Al final, el paciente salía de allí caminando y hablando normalmente. Vi este fenómeno con mis propios ojos muchas veces. La bruja, ah.

Después de que el paciente se iba a su casa, Nenena entraba en la gran cocina y le ordenaba a doña María que preparara un brebaje para ella. Ella usaba un recipiente muy grande y colocaba muchas hierbas y raíces diferentes y dejaba hervir durante horas. Esta era la "medicina" para los locos. Nenena también preparaba bolsitas con misteriosos polvos que vendía a las personas. Supuestamente estas bolsitas contenían una maldición para o contra alguien, o para destruir negocios o sembrados de alguien. Esto era algo que nos causaba mucho miedo. Doña María nos contaba estas cosas. Nunca vi las bolsitas.

Un día, desesperada, me decidí a escribir una carta a nuestra madre, rogándole que venga y nos lleve de vuelta. No era nada fácil enviar una carta o un mensaje. Si usted tenía una carta, tenía que esperar hasta que alguien de la casa viajara a Pimentel, y enviar la carta con esa persona, que la llevaría a la oficina de correos.

Y la única persona que viajaba a Pimentel era Nenena. Inocentemente le entregue mi carta. Nunca pensé que la abriría

Así que por supuesto, Nenena leyó mi carta. Ella sabía todo. En esta ocasión, los golpes que me dio fueron tan fuertes, que por muchos días no podía caminar. Ella me golpeó tan duro que mis piernas estaban hinchadas y dolorosas durante semanas. Estábamos atrapados. Después de eso, no probamos nunca más escribir a mamá. Y, mamá nunca llegó a visitarnos. Tal vez ella no tenía el dinero para el pasaje, lo más probable.

Nenena viajaba a otras ciudades para comprar cosas raras que utiliza para hacer sus brebajes. O para espiar a su marido. Don Turín era un dentista, y mantenía su oficina en Pimentel. (Como nota al margen, recientemente he aprendido que aquel tranquilo, y calladito Don Turín era una especie de Don Juan. Él tenía otras amantes en Cabrera. No estoy segura si Nenena sabía esto cuando vivíamos bajo su techo).

Estábamos felices cuando Nenena estaba ausente, sobra decir.

Ella era una bruja, y también era una mujer de negocios. Ella siempre estaba comprando y vendiendo cosas. Convirtió un cuarto de su mansión en una una bodega. Ella contrató a una mujer joven para manejar la tienda. Esta mujer nunca habló con nosotros, ni nosotros con ella. La llamábamos la mujer misteriosa.

Cada vez que Nenena salía de viaje, cerraba la tienda y la misteriosa mujer se desaparecía. Por alguna razón ella despidió la mujer misteriosa.

Entonces ella trajo a nuestro hermano Mario para atender la tienda. Estábamos tan felices de verlo, porque pensábamos que ahora podríamos tener la oportunidad de escapar con él. Pero la astuta Nenena no nos daba oportunidad de hablar con él a solas. Ella lo mantuvo a su lado, o en la tienda, en la cual no nos permitían entrar. Sin embargo, Mario se dio cuenta de nuestra miseria y el abuso físico. Decidió castigarla. Por lo tanto, el único medio disponible para él era la tienda. Empezó a regalar toda la mercancía, muy lentamente, todos los días. Cada vez que una familia muy pobre venia a comprar algo (y habían muchas, muchas familias pobres), les regalaba todo lo que necesitaban. Bueno, para hacer una larga historia corta, la tienda quebró. Nenena se puso muy,

muy enojada, pero no se atrevía a golpearle. Se lo llevo a Pimentel y de allí lo envió a nuestra madre. Billete de ida, solamente. Ahhh, estábamos de luto. Sin embargo, esperábamos que en cualquier momento nuestra madre apareciera para llevarnos a casa. Estábamos seguras de que Mario iba a contarle todo a nuestra madre. Pero, mamá nunca llegó.

Puede que no haya sido capaz de utilizar un tenedor con estilo como ella quería, pero podía subir y escalar, como una araña. Miraba la bodega y hacia planes. Yo esperé que Nenena saliera en uno de sus largos viajes. Entonces me subí por una pared y entré a la bodega que aunque permanecía cerrada, aun conservaba algunos productos. Entré y tomé una lata de leche condensada. Me escondí en la letrina y con un pequeño cuchillo le hice un hoyito. Me tome toda la lata, enterita. Entonces tiré la lata vacía en el hueco de la letrina y la empuje con un palito para escomerla dentro de lo que había ahí!!!.. Fue un poco asqueroso, pero bueno también. Todavía amo la leche condensada, y trae una sonrisa a mi cara, incluso hoy en día. Esto, Nenena nunca lo descubrió. Yo era capaz de vencer la bestia. ¡Aleluya!

No creo que mamá sabía nuestro sufrimiento. No lo creo. Pasaron casi dos años y no sabíamos nada de Mama, o ella de nosotros.

Me olvidé de mencionar que este nuevo lugar tenía tantos árboles frutales alrededor de nosotros. Tantos. Los mangos, naranjas, limones, uvas que se podrían ahí, en el suelo. Nadie se atrevería a tomar ninguna. Bueno, mi naturaleza salvaje insistió en que yo podría vencer la bestia de nuevo. Así que una tarde de lluvia, mientras que Nenena tomó su acostumbrada siesta, subí a un frondoso árbol de mango para coger dos que parecían llamarme por mi nombre. Agarré el primer mango, pero las ramas estaban mojadas por la lluvia, por lo tanto resbaladizas.

Me caí. Caí boca abajo en las raíces del árbol de mango. Tenía cortes en los labios y la lengua. Sangraba mucho, pero el miedo no me dejaba sentir ningún dolor. Yo sólo estaba tratando de encontrar un lugar para esconderme hasta que la sangre se detuviera. Bueno, es una buena cosa que alguien me encontró. Uno de los jornaleros llegó para recoger algunas semillas. Él no me vio, pero vio un rastro de sangre desde el árbol hasta un gran arbusto que estaba detrás de uno de los corrales de los cerdos. Allí estaba yo, dejando que la lluvia lavara la sangre, mucha sangre. Me tomó del brazo y me llevó a la cocina, donde Doña María, esta buena mujer, hizo lo correcto. Fue a buscar a su jefa, Nenena. Y yo, tenía demasiado miedo para pensar o sentir. Entró la jefa, me tomo del brazo, y me llevó dentro de la casa.

Ah, Nenena. Pero usted se sorprenderá. Creo que ella estaba un poco asustada por toda la sangre que veía salir de mi boca, y que manchaba mi ropa. Probablemente pensó que iba a morir. Ella me tomó del brazo y me llevó a la habitación. Sí, esa habitación. La primera cosa que hizo fue encender una vela. Ahí si pensé que llego mi final. Pensé que me iba a quemar con la vela.

No, ella tomó la vela, hizo algunas señales con esta, entonces la dejó y comenzó a hacer señales encima de mí. Ella tomó una toalla y me envolvió como un caramelo. Yo estaba temblando. A continuación, tomó un líquido y me dijo que lo tomara. Durante todo este tiempo, ella no parecía enojada conmigo. Su afán parecía que era en detener el brote de sangre. Realmente creo que ella pensó que yo era un caso perdido. Lo que me dio a tomar, era algo muy amargo, pero ni modo, a tragar, el trago ligado con mi sangre. Ahora que sé mejor, creo que había alcohol en este trago. A continuación, tomó un polvo extremadamente amargo, me pidió que abriera la boca y lo colocó allí y lo cubrió con una pieza muy fresca de algo. Ella me dijo que cerrara la boca, me mantuviese tranquila, sin abrir mi boca o mover la lengua. Luego se dio vuelta y se puso de rodillas. Después de una eternidad, ella me miro de nuevo, ¡Ahhh¡ quizás para ver si su brujería estaba haciendo efecto. Mientras tanto, me imagino que había estado de rodillas orando, creo. O llamando la ayuda de sus demonios. Podría haber sido cualquiera de las dos.

En ese momento yo había dejado de temblar. La hemorragia se había detenido. Me estaba quedando dormida en mi silla. Era una mecedora muy cómoda. En ese momento me di cuenta de que yo estaba sentada en su silla. La mecedora de la reina.

Después de un tiempo muy largo, ella me tomó de la mano y me llevó al baño, su propio baño. Yo pensaba, esto no es real. Me voy a morir, por eso ella es buena conmigo. Me quitó toda la ropa y me envolvió de nuevo en otra toalla grande y me dijo que fuera a mi habitación y me pusiera mi pijama. Me dijo que hiciera mis oraciones, sin mover la lengua y sin abrir la boca. Entonces que me acostara, y "Mañana" dijo, "vamos a hablar". Se imaginan, ¡a hablar!!!

Bueno, tuve pesadillas esa noche, naturalmente. Le estaba agradecida por salvarme la vida y al mismo tiempo, tenía mucho miedo. No podía creer que había visto la habitación. No podía aguantar hasta que mi boca curara y pudiera hablar y decirles todo a mis hermanas.

A la mañana siguiente bien tempranito, Nenena entró a nuestro cuarto, me habló. "No te cepilles los dientes", dijo. "Sólo vístete y ven a desayunar". ¿Cómo puedo comer?, pensé para mí misma. Mi boca se había hinchado como un globo. Pero naturalmente, obedecí. Tan pronto como me senté en la cama, Nenena salió de la habitación.

Cuando llegué a la mesa, mis hermanas me miraban con mucha pena. Nenena me dio un gran vaso de zumo de naranja y un mango cortado en pedazos. ¡La ironía! Yo sabía que el dolor sería insoportable si comía o bebía; pero si me negaba sabía que me golpearía. Así que tome un sorbo de jugo. Mi lengua y mis labios se sentían como si estuviesen quemados. No podía continuar. Yo miraba a todos con lágrimas en mis mejillas. Aún así, tratando de ser obediente, acerqué la servilleta, bien dobladita hacia mi cara. Pero entonces me detuve. "Oh, no", pensé, "¿Qué pasa si mancho la servilleta con mi sangre?" Miré a Nenena, para ver si ella me miraba. Pero ella estaba sentada con calma, comiendo su suave huevo cocido y hablando con su marido. Así que corrí el riesgo con la servilleta y limpie mi cara. No había sangre, solo el agua de mi nariz. Me senté muy quieta, mirando hacia abajo y en espera de su siguiente orden. O golpes.

Hasta ahora, ella no me había golpeado o regañado. Después que ella terminó su desayuno, mezcló un polvo blanco en un vaso de agua y me ordenó beberlo. Yo lo hice. Se sentía bien pasando por la garganta. Nenena me entregó una bolsa de hielo y una toalla. "Ve a la cama y te pones esto en tu cara, cerca de la boca. "No hables o muevas la lengua ".

Dormí todo el día. Creo que tenía fiebre, porque me desperté con mucho frio y temblores. Las sábanas y la pijama estaban mojados. En la tarde, Doña María me trajo un plato de sopa. Yo estaba hambrienta, pero no podía comer, mi boca me dolía demasiado. Luego,

Doña María me trajo un vaso de un líquido verde y me dijo que lo tomara. Me dormí de nuevo.

A la mañana siguiente tenía mucha hambre. Me sentía mejor. La boca aún estaba hinchada, pero no dolía tanto. Durante una semana entera, solo me daban yogur casero y helados caseros. Eran tan deliciosos y no molestaban mi lengua o labios. ¡Eso era tan bueno!!! Cuando pensaba en Nenena, sentía como si me fuese posible amar este monstruo por darme estas golosinas y por ayudarme, sin castigarme. ! ! No aún!!

Al día de hoy, todavía tengo tres cicatrices en mi lengua. Nunca traté de subir uno de sus árboles de nuevo. Nenena nunca toco el tema de mi caída o de mi desobediencia, se lo agradecí. Continuamos creciendo y soportando nuestra prisión indefinida. Por ahora ya podíamos caminar como "damas" sin echar a correr, comer con un tenedor y un cuchillo, a mantener los ojos fijos en el suelo y permanecer en silencio en la presencia de Nenena y Don Turín.

Nenena continuaba golpeando a Esperanza y a Felicia más que a mí. No sé por qué. Ella sólo me dio tres golpizas que me afectaron mucho. (Esto, por supuesto, es aparte de los golpes casi diarios con la regla). Una fue el día en que escribí la carta a mi madre, otro el día que le dije que mis caderas dolían, y la otra el día que tuve una pelea con un niño en la escuela.

De acuerdo con Nenena, sólo las mujeres adultas tienen caderas. Las niñas no pueden pretender tener caderas. Así que cuando dije que mis caderas dolían, Nenena dijo que necesitaba darme una lección. Y su método favorito, era una golpiza.

El día que tuve una pelea con un niño en la escuela, la maestra me dio una nota para dar a Nenena. No sé por qué se la entregue, pero lo hice. Después que Nenena leyó la nota me dice: "Señorita, mañana por la mañana voy a ir a la escuela contigo". Me quedé despierta toda la noche y también mantuve despierta a la pobre Felicia. "¿Qué piensas tu que ella hará?", le susurré a Felicia una y otra vez. Mi niña, solo lloraba.

A la mañana siguiente, como de costumbre, fuimos a la mesa, nos sentamos a desayunar; adecuadamente, como 'damas". Gracias Nenena. Nos preparamos para salir hacia la escuela. Mis hermanas y yo caminábamos delante; Nenena cerraba la marcha como una Sargento.

Recuerdo que yo estaba mortificada, tratando de encontrar la manera de caminar, que no diera ofensa a nuestro sargento. Si iba demasiado rápido, eso podía molestarle. Si iba demasiado despacio, eso también podía molestarle. Ese día nunca lo olvido. Era un día fresco, una agradable mañana. El camino rural a la escuela era usualmente muy alegre. A ambos lados había grandes campos abiertos, con todo tipo de animales que comían plácidamente. Los exuberantes y verdes campos, los pájaros de diferentes colores cantando, eran un placer y un regalo diario para nosotras. Normalmente las tres chicas corríamos por estos caminos hacia la escuela, se sentía libertad. Pero hoy día, toda esta belleza era un insulto. Esta mañana preciosa, sufríamos las tres.

Cuando llegamos a la escuela, Nenena fue directamente a la maestra y tuvo unas palabras con ella. Se me quedó mirando. Yo estaba temblando. Nenena desplegó un palo largo de su bolso. Estaba recién cortado, con pequeñas hojas verdes todavía. A medida que lo sacaba, yo pensaba, es solo para asustarme, estoy a salvo aquí. Ella no me va a pegar delante de toda la clase. ¡Estaba equivocada!!!

Ella me agarró por el brazo flaco y comenzó a golpearme, allí mismo, delante de todo el mundo. La maestra estaba presente, los estudiantes estaban sentados en sus mesitas. Sin moverse.

Nenena me azotó una y otra vez. Lloré por el dolor y la humillación. Cuando terminó de golpear, me agarró por la muñeca y me dijo: "Usted y sus hermanas nunca van a salir al recreo de nuevo. Nunca. Van a permanecer en el interior y a estudiar. Ahora vaya a su asiento ".

Tenía que sentarme, sacar mis libros y pretender que nada había pasado. Ninguno de los otros estudiantes me miraba. Yo sentía, no sé si los demás, que el aire era pesado, que las paredes me miraban con burla, que no quería levantarme nunca más de este asiento. Mis hermanas y yo seguíamos llorando. No teníamos un pañuelo o algo para limpiar nuestros ojos. Teníamos miedo de usar las faldas para limpiar la cara, porque el monstruo podría salir de detrás de la puerta y golpearme de nuevo. Dejamos que las lágrimas siguieran deslizándose libremente por las mejillas y en nuestros cuadernos.

La próxima vez que mi profesor "querido" envió una nota a casa, me aguardaba otra paliza. La nota decía que no sabía mis tablas de multiplicar. Bueno, Nenena sabía que teníamos miedo de su "sala de la medicina" por lo que me encerró allí, para curarme de ser estúpida. Era un lugar oscuro, una habitación sin ventanas. Nenena encendió dos velas espeluznantes antes de dejarme allí solita, con sus demonios.

La luz de las velas proyectaba sombras sobre una colección brutal de figuras: algunos con una cuerda alrededor de sus cuellos, algunos con pasadores insertados en sus ojos o la boca, unas figuras puestas de cabeza primero en un recipiente. Creo que las figuras eran de cera. Ella también tenía cuadros y esculturas de santos con los ojos grandes y medias sonrisas.

Yo no estaba pensando en las tablas de multiplicar. Yo sabía que quería estudiar esta sala por completo, a pesar de mi miedo. Yo quería contar a mis hermanas hasta el último detalle. Así memoricé la mirada y la postura de cada figura. Después de mucho tiempo, oí los pasos de Nenena que se acercan a la habitación. Sin abrir la puerta, dijo, "¿Cómo están sus tablas?"

"Todavía no", dije.

"Entonces no puede salir". Escuché sus pasos en retroceso mientras se alejaba. En ese momento decidí aprender las tablas de multiplicar. Y lo hice. Nenena me dejó salir de su guarida. Pero entonces empezó a encerrarme en todo tipo de otras habitaciones. Recuerdo una habitación con huecos entre los tablones de madera. Solía ver todo tipo de ojos mirándome a través de esos agujeros. Verde, azul, rojo, amarillo, naranja, etc., y me daba tanto miedo. Creo que eso era solo mi imaginación. No puede haber tantos colores de ojos.

Esperanza sufrió los daños más profundos, mas traumatizantes, durante nuestra estadía donde Nenena. Además de que se vio obligada a permanecer más tiempo que Felicia y yo. Después de aproximadamente 2 años, mamá llego a buscarnos. Supongo que le tomó a mamá todo ese tiempo para reunir su pasaje. Tuvimos la suerte de regresar a casa, pero la pobre Piran (nuestro apodo para Esperanza) no tuvo tanta suerte. Sólo puedo imaginar cómo Nenena convenció a Mamá para que dejara a Piran con ella. Para terminar de moldearla, de darle costumbre, sabrá Dios. A pesar de los golpes,

Esperanza era un poco rebelde, y quién no. Se hacía cada vez más y más bella y desarrollada.

Nenena había adoptado informalmente un hijo años antes. Este joven era feo y malo. Ella pagó para que el asistiera a un internado militar. Volvió a la casa de Nenena cuando tenía 18 años de edad. Cuando Esperanza tenía 14 años de edad, Nenena decidió darle a Esperanza a él como una esposa. Cuando mamá escuchó la noticia se fue a la casa de Nenena. Las dos mujeres tuvieron algunas palabras y Mamá se llevó a Esperanza con ella de nuevo a nuestro hogar, por fin.

Pero la vida era muy complicada para Piran. Era aun una niña, emocionalmente, pero también era una mujer casada. Creo que emocionalmente solo tenía unos 10 o 11 anos, pero parecía que ya tenía 18. Ella era lindísima y tenía muchos enamorados. Mamá luchaba por mantenerla en casa, tarea difícil. Después de ese tiempo en prisión en la casa de Nenena, quien podía culparle, y sólo Dios sabía lo que sufrió mientras estaba casada con el hijo tonto.

Cuando regresamos a la casa de mamá, que era una especie de reunión; Mamá También había traído a Mario y a Manases. Estoy segura de que yo estaría feliz de verlos, pero no recuerdo eso. En realidad mi verdadero amor en ese entonces estaba fuera del hogar.

Sólo habían pasado 2 años, pero tanto había cambiado. Mi arbusto de gardenia se había ido, el camino estaba descuidado, y las malas hierbas se había apoderado de las flores que adornaban mi camino hacia el rio. Algunos árboles se mantuvieron: el de coco, almendra e higüero, pero producían muy poco frutos. Sin embargo, he encontrado un nuevo y acogedor lugar en la orilla de mi río y ahí puse mis pies. De repente, me llevaron de regreso a ese lugar mágico. Me olvidé de todo mal, toda las Nenenas y los malos maestros, el cuarto de la bruja, las reglas, etc. Yo estaba en mi río de nuevo, con los pies en las frescas y mansas aguas.

Pero las cosas no habían mejorado para Mamá. Mi abuelo se había marchado. Mi madre tenía un nuevo novio, pero él era pobre como el resto de nosotros. Mamá no podía alimentarnos a todos nosotros. No sé porque ella nos trajo de nuevo. Todo seguía igual, dentro de la casa. Así, una vez más, ella buscó casas para colocarnos. Mis hermanas y yo le rogamos que no nos enviase de vuelta a Nenena. Juramos que nos ahogaríamos en el río antes de regresar a la casa de esa mujer mala. Mamá encontró un lugar diferente para mí, en el que podía trabajar como niñera, cuidando los niños a cambio de comida, techo y educación. Yo tenía 8 años de edad.

(III)

Alba

(III)

Alba

Después de la cámara de tortura de Nenena, yo estaba feliz de trabajar como una niñera. Mamá me envió a trabajar en la casa de mi madrina Alba en Cabrera, a cuidar de sus dos niñitos (ella estaba embarazada de un tercero), ayudar con la limpieza y los mandados. Mamá eligió un viejo tío suyo, papá Cedo, que me llevara a Cabrera. (Nunca me gustó este tío). Su esposa, Mamá Mecha, era una historia diferente. Ella era tan dulce y buena y tierna. Yo la quería como a una tía de verdad.

Aparte de recordar que fue tío Cedo quien me llevo, no tengo ningún otro recuerdo de como llegué donde Alba. Es tan extraño, que muchas cosas pueden recordarse tan claramente, mientras tantas otras, escapan.

Alba nunca me maltrató. Viviendo en su casa, no recuerdo estar triste o sentirme sola o de que deseara estar en otro lugar. Fuimos bien adaptables, se nos enseño a nunca preguntar el porqué de esto o aquello, simplemente, obedecer.

Los sentimientos de los niños no eran importantes en ese entonces, supongo. Acepté todo como parte de lo normal. Alba me trató como su sirviente, pero ella no era cruel. Ella trabajaba duro y esperaba lo mismo de los demás. Yo sabía mis responsabilidades y traté de hacerlo todo bien. Yo quería ser una buena empleada.

Los niños tenían de 2 y 1 año cuando llegué. Eran preciosos. Me enamoré de ellos, y todavía les llevo en mi corazón. Me encantaba sentarme en la mecedora, en la galería, y cantarles para ponerlos a dormir. Yo era tan delgada, y ellos eran grandes y saludables. No me era fácil ponerlos en mis flacas piernas, o cargarlos en mis brazos, pero lo hacía, de algún modo.

Cada mañana, me levantaba temprano a recoger hojas secas para hacerles su té a los niños. Luego tenía que ponerles ropa limpia y lavar los pañales sucios. Después de eso les preparaba algo de comer, no recuerdo que. Entonces, salía yo corriendo hacia mi amada escuela.

Alba decidió crear una pequeña fábrica en casa. Hacíamos caramelos que Alba vendía a colmados del pueblo. Teníamos que levantarnos a las 4 A.M. Por ese tiempo, Homero vivía con nosotros. El era un chico de mi edad. Era hijo del marido de Alba, con otra mujer. Los dos teníamos que ayudar a hacer estos caramelos. Homero era responsable de la distribución.

No había más trabajo ahora, pero no me acuerdo nunca de sentirme cansada o abrumada. Hacía todo automáticamente. En esos años, siempre llegaba tarde a la escuela, y con las uñas y el estomago llenos de caramelo. Por supuesto que no tenía tiempo para peinarme o vestirme adecuadamente. Todos mis maestros sabían de mi vida, por lo que nunca me regañaron por esto.

Cada mañana, yo corría como el viento, por la calle Duarte, tratando de llegar a mi escuela no tan tarde. Mi cabello sin peinar, toda alborotada. Toda la gente en el pueblo me conocía, y cuando me veían pasar me decían, "Buenos días Doris., ya es tarde ". Yo lo sabía.

El marido de Alba era un buen hombre. Le tenía cariño. Solía soñar con ser capaz de llamarle papá, al igual que sus hijos hacían. Él era un militar y muchas veces estaba de servicio en otras ciudades. A veces nos llevaba a vivir con él. Me gustaba ir a las escuelas en estas ciudades desconocidas. Conocíamos otras gentes, y formábamos nuevas amistades.

Cuando estaba con chicas de mi edad y tenía los niños conmigo, yo les decía a ellos, "bueno niños, tenemos que irnos, Papá nos espera". Yo quería que ellos pensaran que él era mi padre también. Ellos no nos conocían realmente, ni nosotros a ellos, así que podía pretender.

No recuerdo que él me dirigiera la palabra, a menos que fuera para decirme que le trajera algo de la cocina o cualquier otro lugar. Pero sentía, que era bueno.

Los años pasaron sin problemas. Hice mi trabajo, fui a la escuela, e hice un montón de amigos, entre ellos mi mejor amiga más querida, Dominicana. En otro capítulo, voy a hablar de mis queridos amigos. Tenía tantos. Les sentía como hermanas y hermanos para mí.

No puedo recordar si echaba de menos a mi madre o mis hermanos. A pesar de que Mario, mi hermano mayor, solía caminar todos los días desde La Catalina hasta Cabrera para asistir a la escuela, muy pocas veces el pasaba a verme. Hoy le comprendo. Siempre tenía prisa para regresar con sus compañeros de jornada, y de llegar a la casa para ayudar a mamá. La vida era dura, nada de sentimentalismos. Mucho tiempo mas tarde, siendo ya adulta, alguien me dijo que tambien mi hermano Manases venia de vez en cuando a verme. Que pena que no lo recuerde, el es uno de mis favoritos. El vivia en Jobo Claro, donde un familiar, Luis de la Cruz, hijo de Mama Sila, quien era prima de nuestro padre. En este hogar hacia lo mismo que yo. Trabajar en lo que fuese, y a cambio, comida, techo y escuela.

La vida de Alba tampoco era fácil. Luchaba cada mes para tener suficiente para mantener su hogar, e hijos. La esposa de un policía no ganaba gran cosa en ese entonces. Y ella tenía tres hijos, más a mí y a Homero para alimentar. Supongo que por eso ella siempre estaba tratando de hacer negocios. Ella tenía la fábrica de caramelo. Otra vez puso negocio en su hogar, para vender camisas y calcetines de hombres.

Luego tuvo una bodega. Cuando tenía esta bodega a mí y a Homero nos gustaba. Cada noche traía una bolsa de papel llena de monedas. Ella guardaba estas monedas en su habitación, en un armario con llaves. Ella no sabía, que aunque guardaba las llaves con ella, podíamos usar las llaves de la vitrina en la sala, para abrir su armario. Yo solo tomaba dos o tres monedas, suficientes paras comprar helados después de la escuela.

No estoy completamente segura, pero creo que Homero también hacia lo mismo. Alba no lo sabía, por supuesto, y yo debería avergonzarme de esto, pero no. Necesitaba comprar un helado y nadie me daba una moneda. Lo siento mi buena madrina, perdone.

Mi vida como una niñera era bien, nunca me sentía triste o pensaba profundamente en mi vida. Hacia mis mandados, cuidaba mis niños, y jugaba en el patio grande, detrás de la casa, donde había muchos árboles de plátano e hierbas de todas clases. Caminando en este patio, se llegaba a un pequeño rio. De vez en cuando, le miraba y venia a mi mente mi amado y abandonado rio. Ahí sentía un poquito de nostalgia. (Aunque en ese entonces no sabía el nombre de lo que sentía. Solo que me entristecía por unos minutos).

Solía esconderme por estos lugares a leer mis novelas románticas ilustradas. No sé dónde las conseguía, pero me encantaban. Mi otro amor era cuando estaba en mi escuela. En la escuela, yo era una niña normal.

A partir del nivel 3 al nivel 8, nuestro pequeño grupo de amigos cercanos estudió y jugó juntos. Mis amigos sabían que yo no tenía la libertad y los medios que ellos tenían, pero siempre trataron de incluirme en sus aventuras. Alba sólo me permitía que fuera donde Maritza o donde Dominicana. Debo admitir que yo era un poco eléctrica. Para salir de la casa de Alba yo podía hacerlo por la puerta, como hacen los demás, pero mi energía me impulsaba a brincar la baranda de la galería y caer en la calle.

Comprendo que Alba podía estar preocupada por mí. Una potra salvaje, y ella era responsable de mí. Ella trató de salvar mi alma, me bautizo y me mandaba a la iglesia. Gracias Alba.

Para cuando llegamos al 6º nivel, nuestro pequeño grupo en la escuela fue ganando una reputación como "problemáticos". Éramos 12 chicas: Migdalia Acosta, Zoila del Rosario, Adalgiza, Ana Julia, Charo Ramón, Maritza Santos, Maritza Martínez (que tenía dos Maritzas), Dinora Eusebio (Loa), Altagracia, Griselide y yo. (Hubo una más chica, pero no puedo recordar su nombre).

Siempre jugábamos juntas, inventando mentiras, copiando nuestras tareas, de cada uno, pasándonos las respuestas y preguntas durante la clase, etc. Durante el recreo, algunas de nosotras nos encerrábamos en casa de la abuelita de Maritza Santos, se quedaban en sus pantaletas y a bailar, al igual que lo hacían en las películas. Yo lamento decir que nunca bailé. Por dos razones. Era muy flaca y no tenia ritmo.

Este negocio de baile se acabó porque Arnaldo, el hermano de Zoila, nos descubrió. Nos vió a través de un agujero en la pared y se lo dijo al maestro. Nuestro profesor nos castigó, pero los castigos eran una brisa (Escribe algo una y otra vez, permanecer en el interior durante el recreo, etc.). Yo estaba acostumbrada a mucho peor. Después de esto, el director de la escuela, Sr. Marte, nos puso el nombre de "Los Fosforitos". Porque estaba disgustado con nosotras.

El Sr. Marte siempre se veía muy serio, como enojado. Aunque no estuviese enojado, por su cara seria, parecía que sí.

Cuando avanzamos a nivel 8, nos encontramos con nuestro querido profesor Cuchito. Era un hombre muy joven y serio. El conocía nuestra mala reputación, por lo que en el primer día de clase nos habló.

"Señoritas, ya son jóvenes damas por lo que espero se comporten como tal". Bueno, lo intentamos. El era tan agradable (y guapo), pero no nos fue posible hacerlo. Era tierno, paciente, severo y accesible a la vez. Lo intentó todo. "Tienen mucho potencial", solía decirnos. "Piensen en sus sueños, sueñen en grande, y nunca dejen de luchar". Él creía en el poder de la educación. "Continúen sus estudios" nos decía, "... incluso si eso significa dejar su familia y mudarse a otro lugar."

Todos le queríamos y respetábamos. No podíamos evitarlo: era como un buen hermano mayor.

Durante el nivel 8, Dominicana y yo decidimos hacerle una broma a Loa. Loa era la más calladita de las niñas. Dominicana y yo leíamos esas novelitas de Corín Tellado y sabíamos muchas expresiones románticas. Yo escondía mis novelas en la letrina de Alba. Me gustaba leerlas y volver a leerlas. Esas emocionantes historias de amor sobre el príncipe azul y las hermosas chicas con el cabello largo y suelto, ondulando con la brisa. Y un amor trágico e imposible que siempre terminaba con un beso apasionado.

Bueno, Dominicana y yo escribimos una carta de amor anónima a Loa. Usamos frases como estas:

Quiero besar tus labios con pasión.

Quiero transportarte a una isla donde sólo tú y yo podemos vivir.

Quiero saborear el néctar de tus labios.

Quiero llevarte en mis brazos y protegerte para siempre. Etc., etc.

Firmamos la carta WH y la pusimos debajo de sus libros. (Hoy todavía hablamos de ello, con pena. No sabemos por qué hicimos esta travesura a nuestra dulce Loa). Tampoco sabemos porque la firmamos, WH.

Cuando Loa encontró la carta, empezó a llorar y a temblar. Nuestro dulce profesor Cuchito se le acerco y le quito la carta. Ella la sostenía en sus manos como si la carta tuviese electricidad.

"¿Quién escribió esto?" Preguntó.

Nadie respondió.

Pero muy pronto Dominicana y yo empezamos a llorar. Nos sentíamos terribles por nuestra amiga. Nunca pensamos lastimarla, era una broma.

"Nadie se va de aquí hasta que alguien confiese".

Por supuesto que seguido confesamos, entre sollozos. Nuestro castigo era escribir 1,000 veces: *Lo sentimos mucho Loa. Nunca haremos algo semejante, perdónanos. Fue muy cruel hacer esto. Loa, por favor perdónanos.*

Y ella lo hizo. Ella era y es un ángel.

Nos graduamos de nivel 8. Era una sensación muy extraña. Mis amigos se reunían en el parque, se sentaban en los bancos, iban al rio, días de playa, o simplemente se reunían frente a sus hogares a hablar, hablar como hablan los buenos amigos. Yo no. Alba me dio más trabajo, para mantenerme ocupada y entretenida.

Mientras tanto, yo estaba desarrollándome físicamente, pero no creo que mi desarrollo emocional estaba en sintonía con mi cuerpo. Me hice rebelde. Estaba inquieta. Tenía 15 años de edad. Era 1961.

Este fue el mismo año en que el dictador Trujillo fue asesinado por sus propios hombres (con el respaldo del gobierno de Estados Unidos). Fue un tiempo de mucho miedo en todo el país. Recuerdo que casi todos los hombres adultos en Cabrera fueron enviados a proteger las playas y los principales puertos. Realizaban estas tareas armados de machetes y cuchillos. Ahh, ese era Cabrera en 1961, ingenuo, simple.

Después de un par de meses y después de que cientos de personas habían muerto (y muchos más estaban en la cárcel), el país comenzó a calmarse. La sensación era como cuando ha habido un terrible terremoto y la gente comienza a poner sus pertenencias en su lugar, a llorar a sus seres queridos y estar agradecido de continuar vivos y libres.

El país había estado bajo una estricta y severa dictadura por tantos años que para algunos tomó mucho tiempo para aprender a vivir sin miedo. Todo esto lo aprendí mucho más tarde. A los 15 años de edad, yo no entendía nuestra situación política. Además, de que no habían muchos medios de educarnos en estos asuntos. Cabrera no tenía televisión, solo algunas radios y periódicos.

Aprendí sobre la dictadura y sus consecuencias de forma fragmentada. Años más tarde, cuando ya estaba viviendo en Nueva York, me he enterado de que el marido de Alba, mi padrino, había sido asesinado. El estaba estacionado en otra ciudad.

Había empezado a quejarse de las condiciones de los reclusos y de las cárceles. Cárceles que él era el encargado, y pedía ayuda para mejóralas. Alguien se hartó. Un día claro de verano, un hombre se acercó a su espalda, tomó su propia arma y le disparó en la cabeza. Murió en la acera. Su asesino a continuación, entró en un salón de belleza de donde habían presenciado todo.

"Ustedes no vieron nada", dijo. "Si hablan, serán las próximas".

Esto es lo que le dijeron a Alba y esto es lo que ella me dijo. Pero oficialmente, nadie lo vio y nadie dijo nada.

Tanto durante la dictadura y después, este tipo de cosas era normal. La gente aparecía muertos, acribilladlos, o simplemente, desaparecían. Las personas mantenían silencio, tenían miedo de hablar, de protestar, de reclamar.

Ahhh, regresando a mi vida donde Alba.

Una mañana, cuando estaba limpiando, Alba me dijo: "Te voy a enviar de vuelta a tu madre".

¿Enviarme de vuelta? ¿Donde?... yo no tenía dirección de retorno. Además, yo había estado con esta familia por más de 8 años, esta era mi familia.

"Estoy averiguando eso", me contestó Alba. "Te has puesto demasiado loquita, demasiado vivaracha, no sé qué hacer contigo."

No le tome en serio. Pensaba que ella nunca encontraría mi familia. Yo no sabía que un día, hacia muchos meses, el tío Sedo había llegado donde Alba y le dijo que mamá se había trasladado a la capital. No sabíamos dónde, pero Alba investigando se enteró de que mi hermana Esperanza vivía en la cercana ciudad de Nagua. Ella vivía ahí con un hombre que era dueño de un pequeño restaurante. El la usaba como su amante y como su empleada, sin sueldo, naturalmente. De esto me entere mucho mas tarde. Así que Alba, mi querida madrina, decidió enviarme donde Esperanza.

No recuerdo despedirme de nadie, ni siquiera de mis queridos amigos. Yo no entendía cómo esto podía estar sucediendo. Tenía ya 16 años, debía recordar más claramente. Pero no es así. Lo que sí recuerdo es la mañana de mi partida.

A las 5:30 am, me puedo ver, a solas en la pequeña terraza de Alba esperando el autobús que viajaba todos los días a Nagua. Recuerdo que estaba allí parada, a mi lado tenía una pequeña caja de cartón que contenía todas mis pertenencias. Recuerdo pensar, con pena, que me hubiese gustado tanto que Alba o alguien (cualquiera) se levantara a decirme adiós. O a decirme: "! Noo, todo es un error! ¡Por favor quédate!" O por lo menos, 'Si no te tratan bien, siempre puedes volver'. Pero nadie se levantó y nadie me dijo adiós. Subí al autobús y me senté, ere la primera vez que viajaba en carro o autobús, sola se sentía tan raro.

Ahí pensaba: tal vez Alba no se levantó pues tenía pena de dejarme ir. A lo mejor ella tenía una muy buena razón para enviarme a mi 'casa'.

Ya de adulto, después de tantos años, volví a reconectar con Alba y sus hijos, 3 varones y 2 niñas. Todavía los amo y estoy feliz cuando los veo. Ellos también me tienen mucho cariño. Alba y yo somos amigas ahora. La admiro por su fuerza física y de carácter, y por enseñarme a trabajar duro y por intentar salvar mi alma.

Cuando la veo, realmente tengo lindos sentimientos por ella. En este momento, ella no está muy bien. Se piensa que es la enfermedad de Alzheimer. Pero es extraño pues ella reconoce a todos y a veces tiene mucho sentido. Voy y la visito a la casa de su hija, Alba Rosa. Agarro sus manos, y nos miramos profundamente, hay cariño de ambos lados.

(IV)

Cabrera

(IV)

Cabrera

A pesar de que nací en un distante y pobre campo, La Catalina, como a dos o tres millas de Cabrera, mi amor siempre ha sido por Cabrera. Cabrera y Catalina son una sola entidad, en mi corazón. Catalina, la tierra de mis padres, Cabrera, la Tierrita amada, donde aprendi a tener amigos de toda una vida.

En los años 1950 y 1960, Cabrera era una pequeña ciudad de apenas 150 personas. Todos se conocían. Tenía dos calles con nombre: Calle Duarte (donde yo vivía con Alba) y la calle Independencia.

Calle Duarte empezaba desde la entrada a la ciudad, donde vivía mi amiga Maritza Martínez, hasta llegar Al Cabo. El Cabo era llamado así por la formación de rocas, grandes y fuertes, y escarpados acantilados enmarcando un profundo y enojado Océano Atlántico.

Cuando, por cualquier razón, las personas necesitaban poner fin a sus vidas, llegaban aquí y saltaban.

En la ciudad, había 4 o 5 mas calles. Todas pequeñas y estrechas, pero sin nombres. Teníamos una oficina de correos con un solo empleado y un teléfono para enviar y recibir telegramas. Teníamos una estación de policía con unos 6 policías. Uno de estos policías era un hombre casado, con 5 o 6 niños, que estaba enamorado de mí. Solía decirle a la gente que "Cuando esa niña crezca, me voy a casar con ella". Alba llegaba a casa, me preguntaba si yo tenia algo que ver con este hombre, yo me reia, era tan chistosa esa pregunta para mi. Mi mente todavia era de niña, y esa pregunta no tenia ningun sentido. Una cuantas veces, por mi risa estupida, Alba me golpeo con una sombrilla, "muchachita mal criada", me decia.

También teníamos una iglesia católica y un cura. Cada semana Alba me enviaba a la iglesia a rezar y confesar. Me encantaba esto. Este era tiempo para mí, pero ni siquiera me acercaba a la iglesia. Nunca pensé, y aun pienso igual, que necesitaba decirle a otro ser humano, mis intimidades. Dios sabía todo de mí, y sabe, y con eso me basta. Siempre me ha gustado hablar con Dios. Y de niña, recuerdo que hablaba tanto con Él. Le contaba todas mis tonterías, pero solo a Él. Yo sentía que Dios le daba permiso a mi padre para estar cerca de mí. Y yo le agradecía tanto. Además, en ese entonces, yo no creía que tenía nada importante que confesar. A menos que no fuera las monedas que tomaba de Alba. Y eso no tenía sentido confesarlo, pues pensaba continuar mi labor.

Este permiso que Alba me daba, era mi oportunidad de ser libre, tener una hora sólo para mí, eso era mucho. Me iba al parque, donde había muchos, muchos almendros. Estos árboles eran tan bonitos, no demasiado alto, con muchas ramas hermosas. Yo tenía uno que era mi favorito. Me gustaba este árbol porque tenía la mayor cantidad de ramas, frondosas y tupidas. Me escondía allí, y me recostaba en una de mis ramas, a comer almendras, y ver las personas, ir y venir. Después de un tiempo, me bajaba y caminaba a casa de Alba. Llegaba muy seria y tranquilita, sólo para mostrarle a Alba lo bien que me sentía cuando ella me enviaba a la iglesia. Perdón.

Cabrera era un pueblo pobre. Me recuerda a Macondo de García Márquez, en *Cien años de soledad*. Todo el mundo afanaba y trabajaba duro para salir adelante. La mayoría de las personas vivían de la tierra y el mar: trabajando como agricultores, ganaderos y pescadores. Algunas personas trabajaban como maestros de los campos aledaños. Se dirigían allí en sus caballos. Algunas mujeres - como Alba – hacían caramelos, helados, o vendían ropa y otras cosas, para ayudar con los gastos. También teníamos una barbería, y una panadería y un pequeño lugar donde vendían café molido.

Éramos como una gran familia. La gente dejaba sus puertas abiertas y los niños jugaban libremente en las calles y en los ríos. Sin ningún temor de estar solos.

Algunas personas no sabían leer ni escribir. Nuestra única escuela llegaba al nivel de octavo, no más lejos. Teníamos tres grandes tiendas (grandes en comparación con otras pulperías más pequeñas o tiendas), donde se podía comprar de todo, desde la aspirina hasta para la limpieza de zapatos.

Monsito Martínez poseía una de las tiendas. Era el padre de Maritza Martínez. Alberto José Namis poseía otra. Esta familia tenía unos cuantos niños y uno de los chicos estaba en nuestra clase. Este chico era guapo.

Eladio Acosta era dueño de la tercera tienda. Era el padre de Migdalia. Era dueño de una tienda y un bar. Estas tres familias y la familia de Dominicana eran las que (yo creo), eran más pudientes en el pueblo. Tenían tiendas, ganado y tierra para los cultivos. Todos eran gentes buenas y sencillas. Cuando era una niña nunca tuve ninguna interacción con estos adultos, solo con sus hijos.

Pero yo no recuerdo sentir que estas familias eran tratadas o se comportaban, diferentes de los demás. Todos éramos una familia.

La razón por la que comparo mi amada Cabrera con Macondo es debido a la forma en que ha cambiado. Los extranjeros y el turismo llegaron a mi amado Cabrera. Estas gentes, trajeron mucho dinero y cambios para mi pueblo. Se vieron algunos beneficios: un hospital, más opciones de trabajo, una nueva escuela primaria, incluso una escuela secundaria. Cada casa tiene un teléfono y electricidad, y la mayoría de la gente tiene teléfonos celulares. Ahora, en vez de a caballo y autobuses, las gentes se moviliza en motocicletas y SUVs grandes con vidrios polarizados. Por supuesto, todos estos vehículos no podrían caber por las calles estrechas de mi Cabrera, por lo que se han transformado en calles amplias y modernas, completas con nombres de calles y la iluminación eléctrica por la noche.

Los extranjeros que poseen la mayoría de las tiendas principales, y algunos terrenos turísticos, han construido mansiones cerradas, hoteles y empresas. Con este avance (¿retroceso?) llegó el dinero, las drogas y la violencia. La mayoría de la gente tiene armas para protegerse a sí mismos o guardias para cuidarles a ellos y sus propiedades. Pero aun así, tengo una amiga que fue salvajemente golpeada y robada en su propia casa. Ella sobrevivió a este ataque, pero quedo traumatizada y con daños físicos permanente. A otro amigo, su hogar fue invadido y robado varias veces. Mi primo, durante su siesta de la tarde en casa, fue robado y golpeado. Una mujer extranjera desapareció. Meses más tarde la policía encontró su caja de seguridad en otra ciudad. Su cuerpo nunca fue recuperado. Todo esto es nuevo.

Creo que esta nueva realidad ha demostrado ser particularmente dudosa para los jóvenes. Para algunos, el flujo de dinero ha traído oportunidades para movilizarse y educarse. Ellos viven buenas vidas profesionales. Pero para otros, los hombres y las mujeres ricas en las mansiones les usan. Facilitan a los jóvenes el uso de drogas y dinero. Es peligroso y triste. Estas son mis opiniones, deseo de Corazón, que nadie se sienta ofendido con mi forma de ver mi amado Cabrera.

Sin embargo, muchos de mis amigos siguen dedicados y fieles a Cabrera. A pesar de que se convirtieron en profesionales, y que muchos se trasladaron a la capital u otras ciudades más grandes, o, como yo, a otros países, nunca se olvidaron de nuestro pueblo. Apoyan a las familias más pobres y los amigos que siguen en Cabrera.

Ellos también tuvieron un papel decisivo en la fundación del nuevo hospital y escuelas. Nuestros amigos Arnaldo, Sergio, Rey y Tato pertenecen a una organización que ayuda a los estudiantes pobres para obtener una educación universitaria. Completamente gratis. Solo tienen que sacar buenas notas. Yo admiro esta labor humanitaria. Marina García y Aulio Chevalier también han sido incansables en su trabajo de ayuda a Cabrera. Comenzaron una tradición llamada "Cabrearemos Ausentes" donde cada año todos los nativos o amantes de Cabrera, regresan para honrarle y celebrarle.

Fui a la escuela primaria Arístides Fiallo Cabral. Me encantó. En la escuela, podía permitir que mi imaginación volara y ser libre. Allí, mi mundo era hermoso. Yo era una estudiante buena, siempre preparada para mis clases (aunque no me acuerdo que estudiara). Hice mis primeras amistades reales allí. Con la excepción de unas pocas familias, todos éramos pobres (algunos más que otros). Pero no hubo nunca, nunca una distinción entre nosotros. Simplemente, un grupo de amigos.

La amistad con Dominicana, y con su madre, Doña Juana, significaba un oasis para mí. Ella era la hija de una de las familias más pudientes de la ciudad. Su padre era muy patriota, nombrando su hija con el nombre de nuestro país. Domi es dulce y hermosa, por dentro y por fuera. Tan pronto conocí su madre, doña Juana, me enamoré de ella también. Doña Juana me trató con mucho amor y compasión, siempre.

Domi y yo éramos muy románticas. Nos encantaba leer novelas, novelas románticas llenas de jovencitas que sueñan con abrazar y besar a su príncipe azul. En la escuela, hacíamos todo juntas. Después de la escuela, y después de hacer mis tareas en casa de Alba, me daban permiso para ir a su hogar a hacer las tareas escolares.

Alba me mantenía muy controlada, ¡por mi propio bien, ella me decía!!! Pero ella siempre me dejó ir a la casa de Dominicana. Aunque esta y yo casi nunca estudiamos. En vez, de eso nos gustaba hablar y soñar y escuchar canciones de amor.. Jajaja.

También con mi amiga Maritza Martinez, Alba me permitía ir a 'estudiar'. Maritza y yo nos bañábamos juntas en el río. A veces, la orilla del río era el lugar de encuentro para muchos de nuestros amigos: Migdalia, Maritza Santos, Charo, Zoila, Maritza Martínez, Loa, Arnaldo, Tato, Ismael, Miguelito, Rey, Sergio y (el difunto) Majaso. Hay otros que no he visto en más de 55 años, y no puedo recordar todos sus nombres. Perdonen mis hermanos si algunos de ustedes no estaban ahí en el rio, cuando les he mencionado. A lo mejor todo es producto de mi imaginación, a lo mejor deseaba esto.

Tato era el único amigo varón que Alba me permitía ver. El es años más joven que yo. Sin embargo, siempre fue muy maduro y muy dulce y cariñoso. Casi todas las noches, cuando estaba meciendo mis 'niños' para dormirlos, el venia y se sentaba en el suelo. Todavía cierro mis ojos y le puedo ver. Venía a hacerme compañía. Era como si el supiera que yo era solitaria.

Hablábamos de la vida, la escuela, los amigos, y no recuerdo qué mas, pero siempre fue muy agradable y feliz para mi compartir con este querido hermano. El era como ese hermano más cerca de tu corazón, con quien puedes ser tu misma.

Yo lo quería, y todavía lo quiero muy sinceramente. Había otros chicos en la escuela, y amigos casuales, pero yo era tímida y realmente nunca hable mucho con ellos, a menos que estuviésemos en el edificio de la escuela.

Cuando terminamos el octavo grado, nuestra educación se detuvo. Cabrera no obtuvo su primera escuela secundaria hasta después de que me había ido. Algunos de mis amigos fueron a la escuela secundaria, y luego unas cuantas familias se trasladaron a las ciudades más grandes, para que sus hijos pudieran continuar su educación. Se convirtieron en profesionales: médicos, abogados, hasta tenemos un sacerdote.

Después de poner los niños a la cama, pedía permiso a Alba para ir donde Maritza a estudiar. Por lo general siempre me daba permiso, ella quería que hiciera bien en mis estudios. Pero Maritza y yo teníamos otros planes que no envolvían estudio. Maritza y yo nos salíamos por la puerta de atrás, y corríamos a su granja, o lugar donde dormían los caballos. Tomábamos dos de los mas mansos, los montábamos, cada una en un caballo. Sus padres eran propietarios de grandes, grandes granjas con campos abiertos por alrededor de la casa.

Eran muchos kilómetros de tierra, que llegaban hasta el borde del mar. Nos gustaba cabalgar sin montura, agarradas de los cabellos del caballo, alegres, riéndonos a carcajadas, sin ninguna preocupación o miedo. Aun recuerdo el sonido de los cascos y de las olas que golpeaban los arrecifes. Era una experiencia maravillosa, cada vez que lográbamos hacerlo. Sentíamos el calor de la piel del caballo contra nuestros cuerpos. Piel a piel, eso era mágico. Cada vez que lográbamos hacer esto, yo tenía una muy placida noche, sueños reparadores. Ese siempre fue nuestro secreto. No podíamos usar una silla de montar, porque su madre o los hermanos podían darse cuenta. Pena que mi amada amiga no puede participar de estos recuerdos, ella no está bien de salud.

Durante los 8 años que viví con Alba, mi madre nunca me vino a ver. Yo no pensaba en esto cuando era joven, pero cuando llegué a ser madre he reflexionado sobre esto con tristeza. Su casa en La Catalina estaba a dos horas a pie de Cabrera.

Alba decidió bautizarme. Ella sabía que mi familia era protestante, por lo que se encargó de salvar mi alma. Ella me llevó a su iglesia y me bautizó como católica. Bien, no hay problema para mí con esto. Para mi todas las religiones tienen su propósito, y si todas alaban a mi Dios, entonces, yo les respeto a todas. No hay distinción para mí. Bueno, ese día, Alba se convirtió en mi madrina, y le agradezco su gesto.

Bueno, volviendo a mi mamá, ella nunca llegó o envió a alguien para ver si todavía estaba viva o lo que sea. Todavía, de vez en cuando, pienso en esto. ¿Tal vez ella no quería verme como criada? Podría ser. Yo era la única de sus hijos que no trabajaba para un familiar. Los otros fueron sirvientes para la 'familia'. O para algunos miembros de la iglesia que querían ayudarnos. O tal vez ella estaba demasiado ocupada cuidando de los otros dos hermanitos.

Un día, décadas más tarde, mamá y yo estábamos hablando. Me pareció un momento apropiado, así que me aventuré. "Cuando vivía con Alba, ¿porque tú nunca llegaste a verme? ¿Había una razón?".

"Esa mujer", dijo refiriéndose a Alba, "era demasiado orgullosa. No me gustaba ella ". Ahhh, esa podía ser la razón.

Mi madre era muy simple y tímida. Ella era honesta y trabajadora. Después que fui mujer y madre, he aprendido a ver a mi madre con una luz diferente.

Ella tuvo una vida muy triste. La única felicidad que ella conoció era esos 10 años que estuvo casada con mi padre. Aprendí a ver en ella la fuerza que la sostuvo a través de todas las tribulaciones de mujer sola, con tantos hijos. Ella dio a luz a 10 niños, con una alimentación precaria. A los 32 años de edad, mi pobre madre ya había perdido todos y cada uno de sus dientes.

Cada noche me sentaba en la mecedora a cantarle a cada niño hasta dormirlo. Algo muy triste que sucedió una de estas noches fue muy doloroso para mí. Fue algo que nunca traté de hablar con mi madre.

Cuando yo era pequeña, no había muchos coches en las calles de Cabrera. Alba vivía en una de las dos calles principales, la calle Duarte. Cada coche que conducía por Cabrera tenía que pasar por esta calle y por lo tanto, nuestra casa. Una noche, mientras estaba sentada en mi mecedora, tratando de dormir a José Ramón, pensando lo que inventaría después que le pusiera en su cama. De pronto vi una vieja camioneta pick-up pasar frente de la casa. Muebles antiguos, familiares, estaban colocados en la parte posterior, estos incluían una mesa y sillas pintadas de azul y el marco de la cama negra, donde había dormido tantas noches.

¡Eran los viejos muebles de mi madre! Pongo a José Ramón en la mecedora, y salgo corriendo a la calle. Me quedé mirando el camión hasta que desapareció. Yo no lo podía creer. No podía creer que mi madre y mis tres hermanos menores habían pasado justo al lado de la casa donde yo estaba trabajando como sirviente sin detenerse a saludarme o decir adiós, y hacia donde iban…. ¿A dónde van? Empecé a sollozar. Por primera vez, me sentí como una huérfana, abandonada. Nunca me había sentido así antes.

Mis gritos llegaron hasta Alba y ella me siguió afuera. Le dije lo que había visto. "tu no sabes lo que estás hablando", me dijo. "Estas viendo visiones".

"¡No, no! ¡Lo juro!"

Cálmate, Alba me prometió investigar por mí.

"Gracias, gracias" Le dije.

"Okay, ahora cálmate y deja de llorar que tienes al niño asustado con tus gritos. Recoge al niño y duérmelo, yo te ayudaré"

Fiel a su palabra, Alba se enteró de lo sucedido. Yo tenía razón. Eran los pobres muebles de mi madre en ese camión.

Mamá vendió la vaca y el pequeño pedazo de tierra que nuestro padre nos dejó. Había conocido a este joven, Toñito, quien se comprometió a ayudarla, pero sólo si ella le seguía a otro pueblo llamado Los Ranchos, cerca de Nagua. Él le prometió que podían trabajar la tierra y construir una vida mejor para todos. Él le prometió ayudarla a criar sus hijos menores. Toñito también había conseguido trabajo por esos lados. No sé si mis hermanos Mario o Manases sabían de esta aventura. Yo nunca, nunca he mencionado esto a mamá. No podía hacerlo. Incluso hoy en día, cuando viene a mi mente, lo alejo. No tiene sentido, es el pasado.

Durante los 8 años que viví en la casa de Alba, esta me enviaba cada año a visitar mi madre. Nunca le pedí ir. Supongo que Alba sentía que era lo correcto. Muy generoso de su parte. Ella me enviaba en un caballo, con Homero u otra persona. Me sentaba detrás de Homero y me agarraba a su cintura. (Alba no sabía lo buena jinete que era yo).

Mi vida donde Alba transcurría placida, no tristeza, no extrañaba a nadie. Pero si sentía que quería amor, especialmente el amor de un padre. Supongo que vivir en un hogar con un padre me dio un poco de consuelo, a pesar de que el casi nunca estaba en casa, porque era un militar.

Yo era una niña muy curiosa. Siempre estaba saltando cercas, o hablando con las plantas de plátano, detrás de la casa. O conversando con las lindas y alegres "mujeres de la noche" del pueblo. Les preguntaba acerca de sus trabajos, ella nunca me dieron muchos detalles. Me decían, "tenemos muchos amigos que nos ayudan económicamente". Ellas me pagaban unos centavos para lavar sus ropas, esto lo usaba para comprar helados. (despues que Alba ya no tenia el colmado). Mi relación con Alba era digamos, normal. Mi papel era claro: tenía que hacer mis tareas y obedecer y cuidar muy bien los niños. Esto no era difícil para mí, yo les tenía mucho cariño a ellos todos.

Ella me sobre protegía, yo era su responsabilidad. Esto lo digo porque en una ocasión sucedió algo que me dio pena, y no me sentí protegida.

Yo tenía 12 o 13 años y muy flaca. Todavía, aunque la mayoría de mis amigas sí, yo no había menstruado. Mi desarrollo físico era muy tardío. Pero todos los meses sufría dolores insoportables en el bajo vientre. Me tenía que quedar en cama y no podía ir a la escuela, o hacer mi trabajo para ayudar a Alba. Ella me envió al médico.

Sólo había un médico en Cabrera. Normalmente tenía una enfermera con él en la oficina, doña Filia.

Pero en el día de mi cita, ella no estaba allí. El estaba solo, el Doctor y yo.

"Quítate la ropa", me dijo.

Me saqué mí vestido por encima de mi cabeza, pero dejé mi ropa interior. Me abrasé y esperé que el entrara de nuevo.

"Te dije que te quitara todo."

Yo no quería quitarme mi ropa interior delante de él. Empecé a temblar y llorar.

"Hija, ¿cuál es tu problema? Necesito examinarte. Para hacerlo necesitas quitarte toda la ropa".

Finalmente hice lo que me dijo. Él presionó en mi abdomen, bajó la mirada hacia la garganta, mueve tus piernas (no sé por qué).

"¿Está menstruando?"

Senti mi cara ponerse caliente. "No."

Me entregó una receta. "Tome esta medicina. Y trate de comer un poco más. Estas demasiado flaca. Con eso salió de la sala de examen y me dio espacio para vestirme de nuevo.

Una vez que estaba fuera, de vuelta en el sol, con el olor familiar de las flores y los caballos y el océano, sentí enojo dentro de mí. Tenía enojo con Alba. No está bien enviar a una niña a ver a un médico por sí misma. A pesar de que él me trató con todo respeto, aparte de hacerme desnudar, él era un hombre..

Cuando llegué a la casa de Alba le di la receta. "Dona Filia no estaba allí."

Alba estudió la receta.

"No debería haberme enviado sola". Continué. "Tuve que quitarme toda la ropa".

"Por supuesto que tenías que quitarte la ropa, niña",

"Pero no debería tener que hacer eso… estando solita con un hombre".

"Deja de ser ridícula. Tienes suerte de que te envié al médico en primer lugar ".

Ella tenía razón. Pero yo todavía me mantuve enojada y triste por muchos días.

(V)

Mamá

(V)

Mamá

Llegué a Nagua para supuestamente encontrarme con mi hermana Esperanza, mi hermana que no había visto desde hacía más de 8 años.

Éramos prácticamente desconocidas. En el autobús, traté de imaginar como ella luciría. No pude. ¿Me reconocerá ella a mí? ¿Será una buena hermana conmigo? De repente, Rafael, el conductor, estacionó el autobús y me decía que saliera, que ya llegué. "Esta es Nagua, buena suerte".

No tenía ninguna dirección. Me dijeron simplemente que esperara. Tan pronto como me bajé del autobús, vi a esta linda y joven mujer caminando hacia mí. Pero no estaba segura, a lo mejor no era hacia mí que venía, no estaba segura. Una calle muy transitada nos separaba y me quedé sin moverme en mi lugar, mientras esperaba, y continuaba mirando a la linda joven. ¿Podría esa mujer realmente ser mi hermana o no? Finalmente la mujer cruzó la calle. Tan pronto como ella se acercó a mí, la reconocí. Los mismos ojos juguetones, la misma amplia sonrisa. Era ella. Nos abrazamos y besamos. Ella olía familiar, y no familiar a la misma vez. Ella me alejó de si un poco, para poderme mirar mejor y entonces me envolvió de nuevo en sus brazos. Yo estaba tan feliz, pero sintiéndome como pez fuera del agua. Primera vez en tantos años, que mi vida comenzaba con un miembro de mi familia carnal.

Esperanza me recibió con mucho cariño en su pequeña casa que compartía con su amante. La vida era un poco extraña para mí. No me gustó su amante. Al instante desconfié de él. El tenía una motocicleta y la usaba para su transporte. En una ocasión que necesitaba salir a comprar algo, me dijo que necesitaba que le acompañara para que le ayudara con los bultos.

Yo no quería ir, pero tampoco quería ofenderle o a mi hermana. Así que me subí a su motocicleta detrás de él y puse las manos suavemente sobre su cintura El arrancó por la calle y dobló una esquina a mucha velocidad.

Yo tenía miedo, pero no me atrevía a quejarme. Esperé cuando entró en la tienda.

Cuando regresó con su pequeño paquete de queso envuelto en papel, me dijo: "Es hora de que aprendas a conducir la moto. Así, si me pasa algo, tú puedes hacer los mandados y cuidar de tu hermana ".

"No lo sé. No realmente--"

"Vamos, yo soy un buen maestro. ¿Tú piensas que no soy un buen maestro? Te prometo que cuidaré bien de ti ". Me deslicé en la parte delantera de la moto y el presionó su cuerpo contra el mío.

Me hizo tomar la parte afuera de la ciudad, en carreteras con muchas curvas, y mal construidas. Por lo que el motor daba muchos saltos y él se agarraba fuertemente de mi flaco cuerpo.

"Más rápido", gritaba en mi oído, "¡Mas rápido!"

Agarré el manillar y me concentré en el camino lleno de baches. El empezó a tocar mis pequeños pechos.

Traté de quitarle de encima, pero la moto entera tembló. Estaba aterrada. "Más rápido", repetía este animal, con la respiración en mi oído. "Más rápido".

Por último me dirigió de nuevo hacia la ciudad y tomando el manillar por encima de mí, lo hizo ir más despacio. Me zumbaban los oídos y mi cuerpo se sentía como si no fuera yo. "No digas a tu hermana que te estoy enseñando a manejar la moto", me dijo. "No quiero que ella se preocupe".

"Pero--"

"Si tu le dices, ella va a pelear conmigo. Ella no va a entender. Voy a tener que decirles a las dos que se vayan. Este hombre era una bestia.

Esto me cerró la boca. Mi hermana me había recibido en su casa y yo no quería hacer nada para hacerle daño. Yo no quería ser la razón por la que terminara con este mal hombre. Al parecer, ella le necesitaba.

Qué extraña situación. Su pequeña casa junto al mar estaba en una ubicación tan impresionante. Muy cerca del mar. Por las noches, me encantaba escuchar las olas rompiendo contra la costa. Y en las mañanas escuchaba las gaviotas en la playa. Pero este no era un hogar. No había conversación, no risas, nada. Paredes heladas, personas como duendes, muy triste en verdad. Yo no sabía mucho de nada, pero sentía lo extraño de este hogar. No conversación entre Esperanza y su amante o Esperanza y yo. El aire siempre se sintió tenso, como si todas las personas aquí, estuviésemos enojados. No sabría decir cuál.

Después de que este mal hombre tocó mi pecho de nuevo, decidí negarme a ir con él. Aunque fuera lo que fuera, no podía hacerlo. Yo estaba lista cuando una mañana Esperanza me dijo:

"Doris, ve con Luis" (!acabo de recordar su nombre!) "... que tiene que recoger algunas cosas en Matancita".

"Lo siento", dije tal y como lo había ensayado en mi cabeza. "No quiero ir con él",

Ella me miró con sus grandes ojos bellos. "¿Pero por qué no?"

¿Por qué no? No había ensayado esa.

"Porque ... porque tengo miedo de la motocicleta".
Mi respuesta quedó en el aire.

"Está bien", dijo ella finalmente. Quién sabe, a lo
mejor se imaginaba la verdad.

Después de ese día, Luis me dejó de hablar. Como
a las dos semanas de este incidente, Esperanza y su
amante tuvieron una pelea. No sé lo que originó la
pelea. Ojala, yo me decía, hablando con mi Dios como
siempre lo hacía, Esperanza no haya tenido problemas
por mi causa. Me sentía tan desesperada.

Esperanza sabía la dirección de mi madre en la
capital. Mamá vivía en una choza de dos cuartos detrás
de otra casa. Una de las habitaciones servía como la
sala y la cocina y la otra habitación servía como el
dormitorio. Cuando llegamos Esperanza y yo, había
ocho personas compartiendo este pobre y pequeñísimo
lugar: Mamá, su amante Toñito, mi abuelo, que había
vuelto a aparecer, mi hermana Felicia, Manasés mi
hermano mayor, y mis hermanos más jóvenes Rafael
y Freddy.

Cuando llegamos, fue tan extraño. Ninguna emoción, no abrazos. Tal vez por eso hoy yo siempre me encanta dar abrazos. Mis hermanos y yo no habíamos tenido la oportunidad de crecer juntos como una familia. Nunca nos conectamos como tal. Nuestra conexión como una familia sucedió mucho mas tarde, ya de adultos.

Así que cuando nos encontramos de nuevo, éramos como extraños entre sí. Felicia, mi dulce hermana menor, me miraba sin decir una palabra. Finalmente yo dije, "Hola". No fue hasta que estuvimos adultos que realmente nos conocimos y aprendimos a querernos como hermanos. La vida misma se interpuso, pero como dicen, más vale tarde que nunca. Ahora hablo con Felicia y Esperanza constantemente. No puedo imaginar mi vida sin ellas.

Entre Esperanza, Felicia, y yo, creo que mis experiencias de la infancia fueron las más estables. Gracias a Alba. No quiero entrar en detalles porque no es mi historia que contar, pero me da mucha pena decirles que tanto Felicia como Esperanza sufrieron tanto abuso durante la infancia y la juventud. Cuando éramos adultas, ya madres de familia y casadas, Felicia me confió algunas de sus penurias. No podía creer las historias de horror, que me decía, nunca lo imaginé. En el exterior, Felicia parece feliz y tranquila, pero en su corazón está triste. Sólo ella y yo sabemos por qué. Me gustaría poder compartir su dolor para que su carga sea más ligera. Siempre la miro como la chiquita llorona donde Nenena, que se levantaba cada mañana llorando.

Hoy ella es una amante y devota madre, abuela, esposa y hermana. Gracias a Dios que la vida le ha presentado la oportunidad de encontrar el medio de ayudar a otros, aparte de su familia, y al hacerlo, encontrar un motivo para valorarse y amarse. Ella como hija siempre cuido de nuestra madre, hasta el ultimo momento.

Durante los últimos años de su vida, mamá sufría de la enfermedad de Alzheimer. Felicia vivía cerca de ella en la capital y se hizo cargo de ella, siempre con paciencia y amor. Pero no importa cuánto Felicia hizo por nuestra madre, mamá la trataba con rudeza y sin amor. Sospecho que era un asunto emocional entre mi madre y Felicia.

Cuando mi padre falleció, Felicia era un bebé de unas pocas semanas de nacida. Pienso que irracionalmente, mamá la rechazaba porque ella vino a este mundo cuando papá lo dejó. Esto es mi opinión, no tiene que ser la realidad. Perdonen hermanos si no están de acuerdo.. Estoy tratando de encontrar razones para el comportamiento de mi madre hacia mi hermana.

Gracias a mi hermana Felicia, mi madre y mis dos hermanos menores lograron obtener sus papeles para vivir en Nueva York. Felicia fue la primera de las tres hermanas en obtener su estado legal en los Estados Unidos y por lo tanto, ella pudo ayudarles a ellos también.

Llegué a conocer a mis otros hermanos ya de adultos también. Mi hermana mayor Esperanza es una persona muy generosa, valiente y luchadora. Su vida ha sido aún más traumatizante que la mía, solo hay que imaginarse las torturas que sufrió donde Nenena. Amo mis hermanos también, pero dos de ellos calan más profundo en mi Corazón. Ellos están todos, excepto uno, casados con mujeres maravillosas. Algunas de mis cuñadas no son eso, sino hermanas de verdad. Tengo amor y respeto por ellas. Incluso las que se divorciaron de mis hermanos todavía son muy importantes para mí.

Mis sobrinos/sobrinas. Todos mis sobrinos son muy especiales para mí. Admiro y respeto a estos hombres y mujeres jóvenes. Estoy muy orgullosa de ellos como personas, como padres y como familia. Es una fuente de felicidad para mí ver el cuidado, la devoción de ellos para con sus hijos y sus familias. En las reuniones familiares, miro todas esas caras felices, los padres devotos, los niños sintiéndose amados y protegidos. Ahhh, siento que es una bendición de lo alto, un regalo para mí presenciar esto. Vivo tan agradecida de poder ser testigo de estas relaciones.

Después de aquel encuentro en Nagua, Piran se convirtió en mi "guardián". Ella estaba allí para mí cada vez que la necesitaba. Y yo la necesitaba tantas veces. Se convirtió en madre a una edad muy temprana. El padre nunca le ayudó a mantener su bebé. Este bebé, Norma, se quedó con mi madre hasta que Piran pudo encontrar cierta estabilidad en su vida. Norma es una mujer cariñosa, inteligente y hermosa. Y al igual que mi hermana, ella es fuerte y generosa. Está casada con un hombre bueno, y tienen cuatro hijas hermosas e inteligentes. Durante los embarazos múltiples y bebés, Norma luchó por ser una madre dedicada y presente en la vida de sus hijas. A la misma vez que continuaba su lucha para lograr su propia educación. Ella hizo un trabajo muy bueno con ambos aspectos de su vida. Norma es mi sobrina primogénita, y le amo mucho. Después de Norma, mi hermana tuvo dos hijos más, Gisel y Héctor. Los amo mucho. Cuando los miro, no veo sobrinos, veo a mis propios hijos.

Cuando Piran finalmente encontró la paz en su vida personal, se puso enferma. Ella fue diagnosticada con epilepsia. A pesar de las tantas medicinas, periódicamente sufre convulsiones y pérdida de conocimiento. Ya no es tan fuerte físicamente, aunque sí lo es de carácter y de espíritu de lucha. Ahora yo trato de estar ahí para ella, lo más que puedo, aunque sea en el teléfono cada día.

Bueno, de vuelta a la pobre y pequeña casucha de mi madre en la Capital. Esto fue una difícil transición, muy difícil para todos. Durante el día me escondía debajo de una de las 4 pequeñas camitas. Aquí había mucho polvo, pero se sentía fresco, y supongo que me sentía segura, o no quería ver nada. No sé lo que estaba pensando. Yo no estaba contenta. No estaba triste. Sólo entumecida emocionalmente.

Supe que mi madre había hecho esta desastrosa decisión de seguir a Toñito a la Capital, pues aquí habría más oportunidades para sus hijos. (Eso se comprende). También éste le convenció de que aquí encontraría trabajo. Fue un gran error. Aquí en la capital, mi familia supo lo que era realmente hambre. En la ciudad no teníamos árboles frutales, ninguna finca del vecino para robar mangos, batata, yuca o plátano. En la capital sólo había polvo y pura pobreza.

Las viviendas en este pobre barrio se amontonaban, unas sobre o detrás o al lado, de las otras. A unos pasos de nosotros, en frente, vivía una madre soltera con su niña. Ella vendía carbón para el barrio entero. Este carbón era necesario para cocinar. Su negocio era muy sucio y cada vez que ella movía el carbón para vender a uno de sus clientes, se creaba una ola de polvo oscuro. Este polvo cubría todas las superficies de nuestra pequeña casa, no importaba cuántas veces la limpiábamos. Al lado nuestro, divididos por una media pared de madera falsa, vivía una pareja de jóvenes. El marido vendía plátanos y verduras en un triciclo, con una cesta de paja delante. No creo que haría un montón de dinero con este negocio, pero lo suficiente para ellos comer todos los días.

Y cada día su esposa, Juanita, tomaba el "concón" (arroz que se pega al fondo de la olla), le humedecía con un poco de salsa de carne y de frijoles, y la pasaba por encima de esa pared, para nosotros. Mamá dividía este plato en 9 porciones. Muchos días, este era el único alimento que comíamos. Nunca he olvidado esta buena mujer y su generosidad.

Luego está mi hermano mayor Mario. Tenía una novia y ella le ayudó a entrar en el cuerpo de policía. Fefita, la novia, era joven, hermosa y muy coqueta. Creo que ella de verdad amaba a mi hermano, pero mi hermano era tan pobre y ella también, que se le hacía necesario ver a otros hombres. Uno de los otros hombres era un joven militar. Solía visitarla al humilde hogar de mamá.

Un día, como de costumbre, yo estaba escondida debajo de una de las camas pequeñas. Fefita gritó: "Doris, ve a buscar agua. Tengo que bañarme." Que coraje me daba esto.

Yo no quería hacer esto por ella. Pero lo hacía. Mi entrenamiento de toda mi vida hasta ese momento: obedezca y no pregunte.

Salí de debajo de la cama, enojada y llena de polvo todo mi vestido y mi pelo. Caminé y pase por delante de ella y este hombre. Tomé los cantaros grandes y me dirigí al lugar donde todo el vecindario buscaba su agua.

"Doris, espera. Mi amigo quiere conocerte ".

Me di vuelta y les mire, me imagino esa mirada. Entonces, sin decir nada, salí de casa. No me importaba ella o su amigo.

Pero después de ese día, cada vez que este militar visitaba a Fefita, encontraba una excusa para hablar conmigo. Mario nos conto que este hombre le había ayudado a entrar en el cuerpo de policía. Bueno, eso se agradecía, pues ahora Mario podría ayudarnos un poquito. Un par de veces después de eso, si le veía, le decía 'hola', y continuaba hacia adelante. No estaba interesada en él. Y el simple hecho de saber que era amigo de Fefita me hacia mirarlo feo, no recuerdo que sentimientos sentiría, solo que no me gustaba mirarle o hablarle.

Decidí hacer algo, no podía continuar aquí. Conseguí un trabajo como niñera, con una señora que vivía en una parte muy linda de la Capital. Esta señora vivía en una parte muy histórica, la Ciudad Colonial. Nunca había estado allí antes. Edificios con su antigua arquitectura española y calles adoquinadas. Conocí a esta señora a través de una amiga de mi medio hermano mayor, Félix. ¿Recuerdan? Para este tiempo, ya Félix se había convertido en abogado, casado y tenía un hijo, mi amado sobrino Alberto. No le habíamos vuelto a ver, pero lo hicimos aquí en la capital ya que el siempre viajaba, por su trabajo. Bueno, él le dijo a esta amiga que me fuera a buscar para que me presentara a esta buena señora que necesitaba ayuda.

Esta mujer, mi empleadora, vivía en el segundo piso de una de esas muy antiguas casas históricas en la calle Arzobispo Meriño. Vivía con su hija adolescente y su nieto recién nacido. La señora quería que su hija volviera a estudiar, y necesitaba una niñera para ayudar con su nieto. ¡Yo era una experta en este negocio! Disfruté mucho cuidando de este niño grande y bello. Pronto me mudé a esta casa que me gustaba pues tenía un cuarto de dormir grande y limpio. La mujer limpiaba su hogar todo el día, aunque todo se veía limpio, ella limpiaba más y más, creo que era un exceso de limpieza. Yo creo que por eso era tan delgada. Era alta y muy blanca. Ella daba mi salario mensualmente a la amiga de Félix, que se lo llevaba a mi madre.

Mi jefa me hacía levantar a las 4:00 am para ir al mercado y comprar los productos más frescos. Todavía era de noche cuando salía de esa casa vieja. Las calles estaban vacías, excepto por los hombres borrachos, que regresaban a sus hogares, entre tropiezo y tropiezo. Parecía que bailaban mientras caminaban. Y los perros callejeros.. Yo les temía a los dos grupos, me pegaba bien pegadita de las paredes de las casas, para ver si podía pasar sin que me vieran. Y para empeorar las cosas, la señora estaba siempre enojada por mi selección de los productos. ¿Qué sabía yo de los mejores y más frescos productos? Tal vez ahora, pero en aquel entonces, no señor.

Me despertaba a las 4:00 am y trabajaba hasta pasada la medianoche. Pues que les parece? La hija esperaba hasta que su madre se fuera a dormir y luego escapaba conmigo. Ella me llevaba a este bar donde se encontraba con sus amigos varones, tomaban y fumaban, y se veían felices. Mi trabajo consistía en sentarme cerca y esperar por ella. No sé por qué se me hacia ir con ella. Tal vez tenía miedo de salir en la noche por sí sola. No me ofrecían ni un vaso de agua, ni yo lo pedía.

Mi vida tenía que cambiar. Siempre tenía sueño y preocupación. Una vez que fui a poner el bebé a dormir, me quedé dormida encima de él. Sólo desperté porque este empezó a llorar. Eso fue tan aterrador para mí. Este estilo de vida era terrible. Necesitaba un cambio. Le hable a la amiga de Félix para que me llevara a casa de mi madre.

Sólo me quedé en esa casa pequeña por un par de días. Yo quería irme, volar lejos. Me sentía muy mal. Mi único consuelo era bajo la camita.

Ahora mi hermano Manases también consiguió un trabajito. Realmente no era trabajo, simplemente iba diariamente a esta sastrería y a cambio de su ayuda, en lo que fuera, le estaban enseñando a coser y a cortar ropa. Cada viernes le daban 50 centavos. Este buen y noble hermano, llegaba donde su madre y le entregaba este gran pago. Qué pena que no recuerdo ningún intercambio entre nosotros.

Siempre he sido una persona feliz, así que sabía que algo no estaba bien, estaba de mal humor y no quería hablar con nadie. No recuerdo a mis hermanos o tener conversaciones con ellos, ni siquiera mi Felicia. Pienso que todos estábamos como en un trance.

(VI)

Fresa

(VI)

Fresa

Un día mamá mencionó que la tía Fresa también se había mudado a la capital. Su hogar estaba como a ½ milla de distancia, caminando por la calle Duarte. Averigüe como llegar allí y un día llegué a su hogar. Me fui a vivir con ella y sus seis hijos, mis queridos primos. También estaban en muy mala situación económica. Su marido, papá Fello, arreglaba relojes y viajaba en su motocicleta, por toda la ciudad buscando trabajo, un reloj para arreglar o ponerle baterías. Cuando el lograba arreglar un reloj, nosotros comíamos. Cuando no encontraba, pues era difícil, la tía siempre guardaba algunas monedas para esos días. Y comíamos algo, aunque fuese una vez al día.

A pesar de que eran tan pobres, me dieron la bienvenida con amor y ternura. Fresa, la hermana de mi madre, siempre ha sido como una segunda madre para mí y mis hermanos. Después de que mi querido padre nos dejó, Fresa fue la primera persona que me mostró afecto.

Un día yo estaba llorando porque tenía un terrible dolor de muelas. Ella me tomó de la mano y caminamos hasta el dentista del barrio. Ella acariciaba suavemente mis manos, mis brazos, mientras el dentista me torturaba. Me imagino que no había anestesia, pues dolía mucho. Ella me estaba protegiendo, al igual que una amante madre lo haría. Me sentía feliz y triste al mismo tiempo. Las lágrimas empezaron a rodar por mi rostro. Pero no era por el dolor físico ¿Cómo podía decirle que era su amor y ternura que me hacían llorar?

Unos meses después que me mudé con mi Tía Fresa, mi madre vino para "llevarme a casa." Ella y Toñito estaban haciendo planes para mudarse. Esta vez, para El Cumaján, cerca de Nagua. Por supuesto, yo no quería ir con ella. Me imagino que ella se puso triste. Pero no podía entender por qué de la nada, ella me quería llevar con ella. Es tan triste para mí ahora que pienso en ella. A lo mejor se sintió rechazada por su hija, yo. Hasta ese momento, entre mi madre y yo no había ninguna conexión, ningún sentimiento de madre/hija.

Un día, Tía Fresa me dijo que mi hermana Esperanza vivía en un barrio muy bonito en la capital. Un hombre, su novio, la había mudado a un lindo apartamento. Este hombre, Armando, era casado. Era muy bueno con ella, y a través de los años, fue muy bueno conmigo y con toda la familia. El hecho de que era casado no nos molestaba. Cuando uno es tan pobre, en la lucha diaria para sobrevivir, no hay mucho tiempo para reflexionar sobre esos detalles.

En casa de mi tía yo ayudaba con los oficios. La hija mayor de Fresa, Nery, y yo nos ocupábamos de mantener la casa limpia y de los niños pequeños. Esperanza, de vez en cuando, le daba un poco de dinero a la tía Fresa para ayudar con los gastos. Con la ayuda de mi hermana y las buenas intenciones y amor de mi tía, Nery y yo empezamos a asistir a un instituto comercial por las tardes. Teníamos que caminar bastante, no había dinero para pagar estudios y transporte. Así que a caminar cada tarde. No recuerdo que estudiábamos. Probablemente algo así como mecanografía, archivo, y taquigrafía. Eso era común entonces. Estas caminadas y las clases eran maravillosas para mí. Me sentía aceptada y protegida por una familia, y además, el placer de ir a la escuela, estaba feliz. Hablaba mucho, brincaba, cantaba, estaba como un pez en el agua.

Pues bien, como se suele decir, todas las cosas - buenas y malas – tienen su fin. Después de algún tiempo, y la carencia de relojes para arreglar, sentí la necesidad de ayudar con esta casa que me había dado la bienvenida y donde me sentía amada y aceptada. La situación en casa de mi tía parecía muy difícil. Habían demasiadas bocas que alimentar y sólo una persona que luchaba a diario para proporcionarnos que comer, solo lo básico. Pensaba, y le dije a Nery, si yo pudiera conseguir un trabajito podría también ayudarles. Lo hablamos con la tía.

Una amiga de mi tía necesitaba una niñera. La casa de esta señora era muy rica, en comparación con la nuestra. Ella y su marido ambos tenían buenos empleos, buenas pagas. La gente solía chismear que eran agentes encubiertos para el gobierno actual. Nunca supe.

Bueno, entré muy bien recomendada, después de todo, ya yo tenía 9 o 10 años de experiencia como niñera. La familia estaba compuesta por dos hijas adolescentes, de su matrimonio anterior, además de dos hijos de la pareja, un niño de 7 años, y el bebé, que tenía 3 años. Mi trabajo consistía en cuidar del bebé, y caminar y recoger el niño mayor a la escuela. Este trabajo era muy fácil.

En las noches compartía una habitación y cama con la más joven de las hijas, Madelene. Ella era una chica agradable y tranquila. Y yo podía sentir que era buena persona. Así que me sentía cómoda con ella. Después de dos semanas más o menos, una noche me desperté en medio de la noche, sentí un hombre delante de la cama, tocando mi vientre. Él sólo me tocó el vientre. Me quedé helada, tenía miedo de hacer un movimiento.

Ahhh, ahora tengo miedo, me pasaba pensando qué hacer. ¿Quién podría ser? En la oscuridad, no podía ver su rostro. El único hombre en la casa era el marido. Él era por lo general muy tranquilo y nunca me habló. La primera vez que sucedió, oraba a mi Dios de que fuese un sueño, pero no fue así. La próxima vez me di cuenta de que era real. Y no sólo real, sino que era el marido de la señora. Cuando él se dio cuenta de que estaba despierta, se alejó hacia su dormitorio.

Tenía que hacer algo. Necesitaba decirle a alguien. Pensaba, si hace eso conmigo, a lo mejor puede estar haciendo lo mismo con las chicas. Le conté a Madelene. Ella me creyó y me dijo que ella no confiaba en él en absoluto. (Tenía la esperanza de que no la estuviera molestando a ella también). Tenía que irme, no podía seguir allí. Madelene le dijo todo a su madre y esta me rogó que no me fuera.

Carla, su nombre, me creyó también. Ella me dijo que por favor le ayudara a descubrirlo. Ella tenía un plan. La semana siguiente, un día viernes, ellos fueron a una fiesta de cumpleaños familiar. Nosotros teníamos que fingir que dormíamos. Llegaron a casa alrededor de las 2 A.M. Ella fue a la cama de inmediato, pretendiendo estar borracha. Después de un rato, el se acercó a la cama y procedió a levantar el mosquitero que nos cubría. Sus manos comenzaron a buscar por mi vientre, yo quería gritar. Pero en ese instante, Carla encendió las luces, y lo puso al descubierto, ahí mismo, frente a nuestra cama y los brazos dentro del mosquitero. Ni siquiera podía levantarse, estaba paralizado. Ella comenzó a golpearlo por todas partes. Salté de la cama, tenía miedo de que fuera a matarnos a todos.

Corrí a la ventana más cercana y la abrí para salir por ahí. No estaba tratando de matarme, estábamos en la primera planta, sino para salir de esta casa. Todo el mundo se despertó y había gritos y maldiciones por toda la casa. Los niños más pequeños, pobrecitos, estaban corriendo y gritando, en pánico. Yo solo trataba de salir de allí. Carla corrió detrás de mí y me agarró de un brazo y me obligó a entrar. El, cuando logro vestirse, agarró las llaves del coche y salió de la casa.

Esa noche nadie fue a la cama otra vez. Me sentía tan, tan terrible. Me sentía responsable de este lío y no podía dejar de llorar con tanta angustia. Carla me llevó a su lado, me abrazó y me dijo que no tengo nada por lo cual sentirme responsable, yo era la víctima, dijo. Le miré, y quise decirle tantas cosas, pero no dije nada.

Ella me dijo que se iba a separar de él, no sólo debido a este incidente, sino porque ella lo venia pensando hacía mucho tiempo. Dijo que él había cambiado mucho y siempre estaba ocultando su dinero de ella. Ella sospechaba que le era infiel, pero trató de aguantar, de modo que los dos niños más pequeños tuviesen un padre en casa.

Le pregunté ¿qué pasaría con la ayuda para alimentar a la familia? Para mí eso era tan importante. Ella me dijo que no me preocupe, porque económicamente, ella puede vivir y mantener su hogar.

Bueno, le dije a Carla que incluso si él se iba, yo quería volver a casa. (¿Pero a cuál casa, yo no tenía un hogar?) Yo no quería volver a donde la Tía Fresa, no porque no me aceptarían, sino que no era justo, que no necesitaban una boca más que alimentar.

Además, prometí a Carla que no iba a decirle a nadie sobre el incidente en su casa. Mantuve mi promesa hasta ahora.

A la mañana siguiente envié mensaje a Tía Fresa que tenía que ponerme en contacto con mi hermana Esperanza. Estaba llorando, pero no podía decirle por qué. Le dije que me sentía triste, sin ninguna razón.

(VII)

Piran y Armando

(VII)

Piran y Armando

Poco días después de llegar a la capital, Piran salió de nuestra pequeña casa sin decir donde iba. Simplemente salió y nadie le pregunto si regresaba. Luego nos enteramos que se fue a vivir con una amiga. Esta amiga le presentó algunos amigos, uno de los cuales era Armando. Ah, se me olvidó mencionar algunas otras cosas. Cuando vivía en casa de mi tía, conocí un muchacho de mi edad llamado Pedro. Su madre era la maestra del barrio, tenía su escuelita en su hogar. Pedro tenía un padre y una madre, eso me atraía mucho. Bueno, él era mi "novio" pero sólo de nombre. Nunca hubo ningún enredo entre nosotros.

Para este tiempo, Piran vivía con Armando en un apartamento del segundo piso en un barrio bueno. Me fui a vivir con ellos. Era tan maravilloso allí. Piran y yo pensábamos que era perfecto, pero Armando pensó que era demasiado pequeño para los tres, así que alquiló una casa de 3 dormitorios en otro barrio para estar más cómodos. Pronto la niña de Piran, Norma, vino a vivir con nosotros también. Esta niña fue y siempre ha sido como una hija para mí. Cuando ella vino a vivir con nosotros, todo parecía y se sentía como una familia y un hogar estable, feliz.

Las tres, luego que Armando se iba a trabajar, jugábamos y nos reíamos, y hacíamos los oficios de la casa. Ella nos compró ropa y zapatos nuevos y teníamos una nevera y un montón de comida. Me sentía como si estuviera viviendo en el paraíso.

Piran también me envió a la escuela, otro instituto comercial. Aquí me encontré con mi querida amiga Yliada. Ella vivía cerca de nosotros y me gustó de inmediato. Ella me invitó a su casa. Conocí a su madre (sin padre) y tres hermanos. Uno de sus hermanos se enamoró de mí. Yo le dije que tenía un novio, mi amigo Pedro. Pero ahora, mi novio y yo no nos podíamos ver a menudo, yo vivía lejos de él. Un día le dije a mi dulce Pedro que me gustaba otro chico, así de simple. El no se enojó y me dijo que siempre me amaría. No me fue fácil decirle esto a él; él era tan noble y tan caballero. Yo le quería un poquito también, y me gustaba que tuviera madre y padre. Supongo que como me simpatizaba tanto mi nueva amiga, no quería defraudarla, y acepté a su hermano como mi nuevo "novio". Yliada y yo continuábamos yendo juntas a la escuela y su hermano nos acompañaba y llevaba mis cuadernos. Sí, al igual que en las viejas novelas románticas que solía leer donde Alba.

Por un tiempo, no recuerdo cuánto, mi vida parecía tan estable y normal. Yo era una muchacha normal, haciendo cosas normales de adolescentes. Iba al cine, a caminar por los parques, y a uno que otro restaurante, pero siempre con mi hermana y mi pequeña sobrina. ¡Entonces ocurrió la revolución!!

**Mis padres,
Ramon Pereyra de la Cruz &
Justa Martinez Eusebio**

Con mis hijos, Nelson & Julio

Con mis hermanas & hermanos.
Frente: Felicia, me & Esperanza.
Detras: Frey, Rafael, Manasas & Mario.

Mi esposo Richard, con nuestros hijos, Karen,
Nelson & Julio, en el dia de nuestra boda.

**Dominicana, Nuris, Matitza
Santos, Migdalia & me.**

**Arriba: Emerida, Marina & Charo.
Abajo: Loa & me.**

Sentados: Luis, Migdalia, Loa, Dona Vida.
Parados: Diego, Zoila, Maritza Santos,
Arnaldo, Gilda, Nuris, me, Sergio, Tato,
Luis Aristedes, Asuncion, Yova, Baltazar.

Nuris, Maritza Santos, Asuncion, me, Dominicana, Sergio & Migdalia.

Frente: Loa & Dominicana.
Detras: Me, Tato, Charo & Arnaldo.

Mi nieto, Dorian

Mi nieto, Eric

Mis nieta, Lila

Mis nieta, Maya

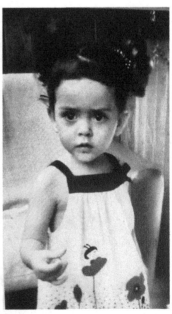

Mi nieto, Noah

**Mis nietas,
Justice & Juniper**

Dorian

Juniper
&
Justice

Maya

Lila

Parados: Justice & Noah
Sentados: Juniper & Lila

Maya & Eric

Lila & Noah

(VIII)

La Revolución de 1965

(VIII)

La Revolución de 1965

En abril de 1965, algunos militares de alto rango, apoyados por los Estados Unidos, derrocaron a nuestro primer libremente elegido presidente, Juan Bosch. El ejército se dividió. Un grupo apoyó el golpe, el otro grupo apoyó el pueblo. Los Estados Unidos no querían a Bosch. Lo llamaron una amenaza a la "democracia" porque no era un dictador. Extraño, lo sé.

La capital fue puesta bajo un estricto toque de queda. Disparos resonaban a todas horas, y por todas partes. Aviones rugientes volaban sobre la ciudad y tiraban bombas en lugares estratégicos. Los partidarios de la democracia y Juan Bosch estaban ganando. Por lo tanto, los EE.UU enviaron a los Marines. Una vez que los marinos estadounidenses llegaron, hubo un corto alto al fuego. Durante el alto al fuego, Piran nos envió a Norma y a mí para la casa de Mamá en el Cumajón, Nagua.

No teníamos otra dirección, sólo el nombre de la localidad, así que le dije al conductor que me haga saber cuándo estuviese pasando por este lugar. Él lo hizo. Pero cuando bajamos del carro, Norma y yo con nuestras pesadas maletas, no había ninguna entrada por dónde empezar a caminar. Yo, siendo una (casi) mujer de 18 años y con recursos, decidí tomar acción. Pasamos por debajo de unos alambres de una finca enorme, y empezamos a caminar, hacia donde, no sabía.

Era de día y mi único temor era que encontraríamos algunas vacas o perros agresivos. Seguimos caminando hasta que vimos algunas casas. En cada casa le preguntaba: "¿Conoce usted a doña Justa?" Nadie la conocía.

Ya me estaba cansanda, pero no mi niña. No, ella era y es una flaquita fuerte. Ella estaba saltando alrededor, y recogiendo flores silvestres. Nunca se quejó, a pesar de que en algunas áreas, caminamos a través de la yerba más alta que ella. Tomé su mano, pues ella quería correr libre, pero le dije que no. Necesitaba mantenerla cerca de mí. Por si acaso.

Empezó a oscurecer y yo estaba asustada. Vimos una casa de muy pobre aspecto y una vez más me acerqué a preguntar si alguien conocía a doña Justa. Iba preparada, si me decían que no, les pediría por favor que nos permitieran pasar la noche. Caminamos hasta la casa y una mujer estaba barriendo la entrada principal. Era Mamá.

Sí, allí estaba mamá con su novio Toñito, Felicia, Manases, Rafael y Freddy. Me sentí tan contenta. Esta vez todo el mundo parecía contento de vernos. Esta casa era pequeña y mal hecha, pero no se respiraba el sucio y descuido de la ciudad. Muchos años más tarde, el marido de Piran, Armando, amplió la casa para mama. (Sí, Armando se divorció de su esposa y se casó con Piran).

Toñito tenía un trabajo, y mi madre lavaba y planchada la ropa de algunos policías de Nagua. Uno de estos policías siempre que venía a buscar su ropa, se me quedaba mirando. Un día me habló. Me dijo que me había conocido en la Capital. Si, recuerdan aquella polvorienta y pobre casita donde vivíamos en la Capital. Realmente no me interesaba, además de que me recordaba ese triste periodo de mi vida, donde no sabía si iba o venia.

Mi pobre madre continuaba lavando y planchando estos grandes uniformes de militares. Pobrecita, que dura fue su vida. Ella también lavaba los uniformes de otro joven oficial de policía, Ramón Paulino. Este empezó a enamorarme. Era tan guapo. Él pidió permiso a mi madre para visitar la casa y hablar conmigo. Mi madre estuvo de acuerdo. Pero para eso solamente.

Un día tuve otro terrible dolor de muelas. Fui a ver al dentista. El dentista del pueblo era, ¡sorpresa! Don Turín. Sí, el mismo hombre que una vez estuvo casado con mi tía Nenena. Ellos se habían divorciado hacía mucho tiempo, no me sorprendió enterarme de esto. Ella era muy mala. Cuando caminaba de regreso desde el dentista, me encontré con Ramón. Él me pidió que subiera a su motocicleta. Lo hice. Él hablaba y hablaba. Dijo que había pedido a mi madre por mi mano, pero ella no quiso. Me dijo que no podía entender por qué ella no le quería. Ella conocía a su madre y sus hermanos. Bueno, yo con mi cabeza de una tonta, no lo pensé mucho cuando él me propuso un plan. Ya yo tenía casi 18 años de edad, físicamente, pero emocionalmente tal vez 11 o 12. Y me comportaba como tal.

"No vayas a casa esta noche" me dijo. "Tu puedes quedarte en casa de mi tía en Nagua, y yo duermo en otro lugar. Mañana, vamos a pretender que dormimos juntos" De esta manera, me explicó, "tu honor sería dañado y tu madre tendría que dejar que te cases conmgo".

"Okay" yo estaba de acuerdo.

Me quedé con su tía en Nagua. Mi pobre hermano Manasés pasó la noche buscándome desesperadamente. Caminó toda la ciudad, una y otra vez, por los parques, las granjas, en todas partes. Mi familia pensó que algo terrible me había pasado. Incluso ahora, cuando pienso en mi pobre hermano me da tanta pena. Lo insensible y cruel de mí.

A la mañana siguiente Ramón fue a la casa de mi madre. "Doris se quedó conmigo anoche. Ahora podemos casarnos si usted lo permite".

"Prefiero verla en un ataúd, antes de verla casada contigo" respondió mi madre. Wow, ella fue fuerte.

No nos casamos, yo era menor pero tenía que quedarme con él. Estaba deshonrada. Eso fue una locura. No estaba enamorada de este joven, no creo que ni siquiera sabía entonces lo que era el amor. Pero me quedé. Y yo solía llorar cada vez que él no estaba cerca. Realmente no quería quedarme con él y creo que él lo sabía. Él me llevó a vivir con su madre en un campo muy remoto. Yo no tenía dinero, ni idea de mi entorno. Todavía estaba en ese estado mental en el que solo escuchaba y obedecía.

Su madre era una señora muy buena y comprensiva, pero no sabía qué hacer conmigo. Yo no quería comer, ni hablar, solo lloraba. Por su parte, Ramón solicitó el traslado a otra ciudad, Sánchez. Me llevó con él. Ya yo tenía como 6 meses viviendo donde su madre. Wow, esto fue terrible, un desastre. Ahora era que realmente me tocaba ser una 'ama de casa". Para empeorar las cosas, el me dijo que yo tenía que lavar su ropa. Tenía uniformes gigantescos que debían lavarse a manos y plancharlos, perfectamente. Odiaba ese trabajo. Tenía que estar sola en la casita que buscó para los dos. El estaba gran tiempo en el cuartel, lo cual me agradaba mucho. Me pasaba el tiempo dando vueltas y pensando como llegaría a mi hogar.

También sufría mucho pues siempre le he tenido miedo a la oscuridad. El me dijo que no podía tener una luz de noche porque solo teníamos unas pequeñas lámparas de gas, y que solo se mantenían encendidas para hacer lo necesario.

No teníamos nada en común. Él llegaba a casa esperando encontrar comida caliente sobre la mesa, la ropa planchada limpia, y una mujer dispuesta. Me aguanté en este lugar por 3 semanas. Pero cada día estaba planeando cómo escapar. Mis días eran largos, y yo estaba cansada de hacer estas cosas para él. Cuando él se iba me sentía aliviada y lloraba a riendas sueltas, cuando lavaba su ropa, lloraba, cuando cocinaba la comida, que siempre me decía que no sabía bien, lloraba.

Finalmente tuve una gran idea para escapar. Me hice amiga de una mujer que vivía al lado. Ella era una madre soltera con 3 niños. Eran bien pobres.

Le dije que si ella me conseguía el dinero necesario para pagar mi pasaje de Sánchez a la Capital, podía tomar todo lo que había en mi hogar. (Para este tiempo, ya mama se había mudado de nuevo para la capital, por lo tanto, necesitaba llegar allí). Ella estuvo muy de acuerdo con este negocio. Le dije que tenía que esconder todo hasta que Ramón lo trasladaran de Sánchez, pues él podía quitárselo. No problema, ella era una mujer decidida.

Tan pronto como Ramón se fue a trabajar la mañana siguiente, la vecina vino con un carro de transporte público que viajaba hacia la capital. Mientras tanto, los niños empezaban a mudar sus cosas. Llegue donde Mamá. Esperanza me había enviado la dirección de ella. Mamá no estaba enojada conmigo. Ella incluso me dijo que era bienvenida en su casa. Ahhh, eso me dio deseos de abrazarla. Realmente necesitaba una familia. Especialmente porque, sin saberlo yo, regrese a mi madre embarazada y con algún tipo de enfermedad venérea.

Durante mi embarazo mi madre y yo finalmente empezamos a conocernos, empezamos a conectar como madre/hija. Yo no sabía que estaba embarazada o que tenía una enfermedad, pero mi madre reconoció los signos. Vio mis caderas y mis pechos cada vez más grandes. Y ella me dijo que mis pantaletas estaban manchadas y malolientes. Mi Hermana y ella me enviaron al hospital público. Allí me pusieron en una cama, en un cuarto con las puertas abiertas, y mis piernas igualmente abiertas. Sentí que quemaban algo en mis genitales, mucho dolor y olor feo. No había cortinas en esta habitación, por lo que cualquier persona que pasaba por ahí, tenía el campo libre para mirarme.

Para ese tiempo, ya la revolución había pasado. El país estaba en paz de nuevo. El esposo de Esperanza construyó un anexo a su hogar y vino a buscarnos a todos. Nosotros vivíamos en un barrio un poco alejado de ellos.

Él quería que todos estuviésemos juntos y que lo que el tenia, que lo disfrutáramos también. Todo lo compartía con nosotros y trataba a mi hermana como a una reina. Los fines de semana, nos llevaba de paseo: al campo, los ríos, o la playa. Mi Hermana se enojaba con él a veces, porque el llegaba tarde a casa. Nunca le vi maltratarla.

(IX)

Santo Domingo

(IX)

Santo Domingo

Nos instalamos en nuestro nuevo hogar al lado de Armando y Piran. Ahora éramos siete: mamá, su padre, Toñito, Felicia, Rafael, Freddy y yo. Manasés y Mario trabajaban y ayudaban un poco con nuestros gastos. Armando era nuestra principal fuente de apoyo. Incluso pagó al médico cuando mi bebé nació. Siempre lo recordaremos con gratitud y amor. Sí, yo lo quería mucho porque era uno de los pocos hombres que me trataron con respeto, como un verdadero hermano.

Durante mi embarazo me sentaba detrás de nuestra casa, bajo un gran árbol de caoba y hablaba con las mujeres que vivían en el otro lado de nuestro patio. Ellas trabajaban por las noches y dejaban sus niños dormidos. Yo me comprometía a estar alerta por si les oía llorando, ir a ver qué pasaba. Durante el día, tres de estas mujeres cada una me daba un plato de comida. Me encantaba comer sus comidas. Yo no lo necesitaba.

Gracias a Dios y a Armando, todos teníamos suficiente para comer pero, sin embargo, ya que estaba comiendo por dos, con mucho gusto comía lo que me daban. Creo que su trabajo era "la vida nocturna" Todas las noches cuando salían de la casa para ir al trabajo, se veían muy bien vestidas, aunque un poco provocativas. Llevaban un montón de maquillaje y pantalones cortos o minifaldas. Olían a perfume fuerte, dulce. Me gustaba estar con ellas, siempre reían mucho y estaban de buen humor. Ellas eran como mi familia.

El 24 de diciembre de 1966, por primera vez, estábamos celebrado la Navidad y teníamos suficiente para comer todos. Compartimos un cerdo asado, con una gran cantidad de verduras, arroz dulce con pasas, batatas dulces horneadas, uvas y manzanas. Estábamos contentos, satisfechos y agradecidos. Luego, alrededor de las 9:30 de la noche comenzaron mis contracciones. Mi cabezón nació 2 horas y media más tarde. Era tan lindo, con sus mejillas color rosa, el pelo negro y grandes ojos marrones. Tenía casi 10 libras ¡muy grande! (Supongo que él se aprovechó de esos platos extras que me brindaban mis alegres amigas.

Nelson.

Cuando di a luz a Nelson, estaba tan feliz. No sabía lo que significaba ser una madre. Tenía 20 años de edad, pero emocionalmente, tal vez 15.

Cuando un niño se cría sin permitirle tomar decisiones, sin permitirle desarrollar su mente inquisitiva y sin libertad de expresión, no hay mucho espacio para crecer emocionalmente. Para un niño crecer emocionalmente, necesita libertad, amor y disciplina. No solo disciplina, entonces, se tronca. Mi retrato.

Con el tiempo, los negocios de mi buen amigo y cuñado empezaron a ser afectados por los problemas económicos que sufría nuestro país. Esta familia era mucha carga para él. Económicamente no podía seguir a cargo de todos nosotros. Para empeorar las cosas, él y Piran continuamente se enojaban y tenían serias discusiones. Vivíamos con miedo de que la dejara. Mi hermana nos dijo que sus empresas estaban haciendo muy mal, que tenía miedo por el futuro de todos nosotros.

Un año después de Nelson nacer, traté de buscar un empleo en la ciudad. Pero yo no tenía ninguna preparación, ni siquiera la secundaria. Para este tiempo, Ramón se había enterado de que tenía un hijo conmigo. Llegó a conocer su hijo y me insistía que tenía que volver con él. Él quería que nos casáramos, pero yo no quise. Seguí buscando trabajo. Por esos días, Manases ya había conseguido un trabajito, no ganaba casi nada. Y Mario se había casado, por lo tanto, algo yo tenía que hacer.

Como no tenía dinero para transporte, tenía que caminar a estos lugares. No era gran problema para mí. Salía en las mañanas temprano, regresaba en la tarde. Las pocas veces que logre conseguir una entrevista, un hombre (siempre un hombre) sentado detrás de un gran escritorio me preguntaba: ¿Y que sabes hacer?

"No tengo experiencia, ¡pero puedo aprender bien rápido"!!

Este hombre se me quedaba mirando como a un bicho raro, de arriba a abajo, y me decía:

"Si me das un chin de vez en cuando, podría ver lo que hago por ti."

Ese era mi clave para salir de ahí. Todos ellos mantenían amplios escritorios y un gran sofá en sus oficinas. Todo muy cómodo, para sus necesidades, me imaginaba. Salía de esos lugares tan enojada y con el corazón pesado.

Por su parte Ramón continuaba insistiendo en que nos casáramos. Ahora teníamos un hijo, ¿por qué no? Le odiaba. Cuando le miraba yo recordaba la enfermedad de mal olor, y recordaba la cocina, lavado, planchado y limpieza.

Ramón nunca pagó un centavo para mantener a su hijo. Cuando Nelson era un bebé se puso muy, muy enfermo. Él tenía fiebre alta, vómitos y mucha diarrea. Su vida estaba en peligro. Necesitaba líquidos por vía intravenosa, pero yo no tenía dinero para llevarlo a un medico. En estos momentos, no podíamos pedir ayuda de Armando. El y Piran se habían trasladado a Puerto Rico.

Yo necesitaba ayuda para salvar mi hijo. Tempranito una mañana salí de casa con mi cabezón. Era un día muy caluroso de verano. Tenía que caminar como 3 kilómetros para llegar al centro de la ciudad. Sabía el nombre de un buen pediatra con práctica privada. Después de consultarnos, el estuvo de acuerdo, el niño estaba muy mal.

Necesitaba internarlo. Nelson quedó hospitalizado en esta clínica por 5 días y se recuperó. Gracias a Dios que en ese entonces, no te pedían dinero por adelantado, y se ocupaban de curar el paciente primero.

Mientras que Nelson estaba en la clínica privada, caminé al Palacio Nacional. Pregunté información acerca de dónde estaba estacionado el militar Ramón. Me dieron la información y me permitieron llamarle ahí mismo. Le explique la situación con Nelson, y que necesitaba ayuda para pagar la factura.

"¿Te vas a mudar conmigo?", Preguntó.

"En este momento, no se trata de nosotros. Hoy se trata de Nelson ".

"Si no me prometes mudarte conmigo, entonces no tenemos nada que hablar, por mi, el médico puede quedarse con tu hijo".

Caminé de regreso a la clínica. Mis sollozos salían de lo más profundo de mi alma. Hoy escribo esto, y no puedo evitar revivir ese dolor. Como pueden algunos hombres ser tan crueles.

"No tengo el dinero para pagar la cuenta", le dije al médico. "Pero si le entrega mi hijo a mi madre, para que lo lleve a casa, ahora mismo me puede poner a trabajar en lo que sea, y si quiere, puedo ir a su hogar a limpiar todos los días, hasta que haya pagado la factura".

El médico era un hombre amable, pero no dijo nada.

"O usted podría enviarme a la cárcel. Pero por favor no se quede con mi bebé ".

"Señorita, voy a hablar con mis socios. No puedo tomar ninguna decisión por mi cuenta, pero voy a pedirles que le perdonemos su factura".

¡Él habló con ellos!!!... Esa tarde caminé a mi casa, con mi cabezón en mis brazos.

(Se me olvidó mencionar que cuando Ramón descubrió que había vendido su mobiliario y me escapé, el tomo su moto y aceleró a casa de mi madre. Mi madre lo insultó y él se fue y nunca regresó. No le vi de nuevo hasta que mi precioso hijo nació).

Cuando Nelson tenía aproximadamente un año y medio de edad, la hija de mi tía Fresa, Nery, se casó. En la mañana de la boda, salí de la casa de mi madre con flores que había cortado de nuestro jardín, para ir a ayudar a decorar la boda de mi prima. Mi madre me dio 10 centavos para pagar por el transporte para la casa de Fresa. Paré el coche y entré. Le pregunté al conductor si iba por mi área, dijo que sí. Unos minutos más tarde el coche se detuvo de nuevo, nada raro acerca de esto. Es un carro público que transporta muchos pasajeros a la vez. Otro pasajero entró. No miré, no me interesaba.

"Conductor, nos lleva hasta el Malecón". Era Ramón. Él presionó su cuerpo contra el mío en la parte trasera del coche.

"!No, no!", Protesté.

Pero Ramón estaba en su uniforme militar y como era hombre, naturalmente este obedeció.

Cuando el conductor detuvo el coche, Ramón me agarró del brazo. "Ella es mi esposa", le dijo al conductor.

Me aferré a la puerta del coche y le rogué al conductor que no me dejara con Ramón. Pero Ramón sacó mis manos de la puerta y me arrastró con él.

El malecón estaba casi desierto. Eran las 7:30 de la mañana.

"Voy a matarte, perra."

Yo esperaba que sacara su revólver en cualquier momento. "Tu simplemente continúa caminando conmigo hasta que encontremos un lugar solitario, te voy a matar y tirar tu cuerpo a los tiburones".

Lloraba con tanto miedo. Mientras el halaba mi brazo para que continuara caminando, me tenia sostenida de un brazo y mi hombro.

Caminamos y caminamos no se cuanto tiempo, siempre bien cerca al mar. El mar en esos momentos era transparente para mi, no le veia. Finalmente me dijo: "No te he matado todavía porque no he encontrado un lugar bastante solitario". Tal vez él no tenía la intención de matarme, solo asustarme. No lo sé, pero cada vez que miraba su cara, veía sus lágrimas, así que sabía que las amenazas eran en serio.

Sin soltar mí mano, llamó a un coche público. "San Cristóbal", dijo al conductor. ¿San Cristóbal? Esto era lejos, como a una hora de la capital. Nadie dijo una palabra durante el viaje. El conductor nos llevó a una plantación gigante de caña de azúcar. Uno de los tíos de Ramón vivía allí.

En ese momento tuve una idea. "Ramón, he cambiado de opinión. Si tu vuelves a la capital y traes 'nuestro' hijo, te prometo quedarme contigo, o casarme, lo que quieras".

"Sabía que recapacitaría" dijo. Me llevó a un pequeño apartamento en el segundo piso. "Tío, eres responsable de ella. No la dejes salir de esta habitación. Si ella no está aquí cuando regrese, tendrás que responder ante mí". Ramón parecía aterrador en su uniforme militar y su cara roja.

El tío asintió con la cabeza. Él me miró y me di cuenta que no tenía el valor o el corazón para mantenerme prisionera. El conocía mi madre. Tan pronto Ramón salió, le dije al tío, "Me voy".

"No te puedo dejar. Ramón salió--"

Caminé hasta el balcón y empecé a subir por encima de la barandilla. "Intenta detenerme y voy a saltar".

Él suspiró. Supongo que vio lo complicado de la situación y decidió no hacer nada. Bajé las escaleras y salí por la puerta principal. Corrí por el camino de la plantación hasta que llegué a la carretera. Esperé que pasara un vehículo. Después de unos minutos, vi un gran camión de transporte de caña de azúcar. Me coloque en el medio de la carretera, para que el conductor me viera. Él se detuvo.

"Por favor, por favor, lléveme a la ciudad. No tengo nada de dinero pero es una emergencia ".

Este hombre era tan agradable. No podía subir, así que se bajo, y me ayudó a subir a su alto camión. El conductor del camión me dejó en un parque en un pueblo cercano, donde había coches que viajaban diariamente hacia la capital. Mi plan era llegar donde mamá antes que Ramón y llevarme a mi hijo, y escondernos.

Pero primero tenía que llegar a casa de mamá. Me acerqué al conductor de un coche rojo nuevo. "Te pagaré lo que quieras si me llevas a la capital y me prometes no recoger otros pasajeros".

Me miró de pies a cabeza. "Muéstrame el dinero."

"No tengo ninguno, pero mi familia me está esperando y pagaran lo que quieras. Lo prometo. "Le estaba mintiendo, por supuesto, pero yo esperaba que mi familia podría reunir algo para este buen hombre. Él era un hombre de trabajo y no podía permitirse el lujo de perder un día entero sin ganar nada. Yo pensaba eso mientras él me conducía a mi familia.

Después de pensarlo un Segundo, inclinó la cabeza, haciéndome un gesto para que entrara al asiento trasero. Mantuvo su palabra y se dirigió directamente a casa de mamá sin parar. Llegamos alrededor de las 3:30 de la tarde. Una multitud de familiares y vecinos se habían reunido, a acompañar mi familia cuando se enteraron de que no había llegado donde mi tía. Se corrió la voz y los vecinos todos preocupados por mí. Salté del coche y rápidamente le dije a mamá lo que pasó. Ella hizo una colecta con los vecinos y la entregó a este buen hombre. No sé cuanto logro reunir, ojala que fuera bastante para pagar por su día y por el gran favor que me hizo.

Tomé a Nelson y una botella llena de leche. Una vecina me escondió en su armario. Ramón llegó 30 minutos más tarde. Había perdido tiempo porque primero se detuvo en la casa de su tía. Él le pidió que fuera con él a la casa de mi madre, para que pudiera distraer a mamá mientras el tomaba a Nelson. Bueno, su tía se negó a hacerlo, ella también conocía mi madre.

Cuando Ramón llegó, mi madre le preguntó: "¿Dónde está Doris?"

"No lo sé. ¿Cómo cree que voy a saber de su hija?"

"¿Donde está ella? Tu bien que lo sabes, bandido--", dijo mamá.

"¿Por qué me estás preguntando?"

Mamá, una pequeña mujer de apenas 4 pies 10 pulgadas, comenzó a golpearle, con los puños. "Tu bien sabes por qué te pregunto, mal, mal hombre. Ella llegó primero que tu, tomó su hijo y se fue.

Tu nunca los veras de nuevo. Acostúmbrate a eso."

Él no trato de golpear a mi madre, no levantó su voz, (me imagino la rabia que tenia). Con voz pausada le dijo: "Dile a tu hija que mientras mi pistola tenga una bala, que no se deje ver de mi". Juro por Dios que voy a matarla. Voy a dispararle delante de usted si tengo que hacerlo ".

Cuando dijo eso, mi madre perdió sus fuerzas y tuvo que ser ayudada a sentarse en un banco. Mi abuelo también se enfermó, tenia corazón débil. Se enfermaron de impotencia ante este salvaje.

No entiendo por qué Mario, que era un policía en ese entonces, no denunció a Ramón o hizo algo para protegerme. El debe haber tenido una buena razón.

Tal vez mamá nunca le contó sobre esto, sólo para protegerlo. Ella no quería una confrontación entre estos dos militares. Esa fue probablemente la razón, creo que hasta el día de hoy, mis hermanos mayores, no saben esta historia.

Después que Ramón dejó la casa de Mamá, como un gran jefe, entro a todas las casas del vecindario, buscándome. Una por una.

Cuando entro al dormitorio donde me escondía con mi hijo, no nos encontró porque estábamos dentro de un armario viejo, y cubiertos por sabanas y toallas. Gracias a Dios que mi niño dormía plácidamente en mis brazos.

Al día siguiente mi madre nos envió a Santiago, donde mi medio hermano Feliz, quien vivía allí con su esposa e hijo. Mi querido sobrino, Alberto. Una vez que logré conciliar mis nervios, llamé a Yliada, mi amiga, (recuerdan, ella es la hermana del chico que supuestamente era mi novio, cuando nos sorprendió la Revolución).

Le conté acerca de mi situación. Ella me dijo que su hermano se había trasladado a Nueva York, pero que siempre le preguntaba por mí.

"Yliada, me da mucho miedo. Mi hijo y yo tenemos que salir del país ".

"No te preocupes. Estoy segura de que mi hermano les ayudará. El haría cualquier cosa por ti".

Ella le dijo a su hermano Julio de mi situación y él cumplió su promesa de ayudarme a escapar. Pero me dijo que tenía que venir sola. Era demasiado peligroso para llevar a un niño en esta aventura. Me envió dinero para obtener un pasaporte. Él tenía un plan.

El día que regresamos de Santiago a la casa de mi madre, al día siguiente por la mañana, salí de mi hogar dejando mi precioso hijo con mi buena madre. Tenía que irme a salvar mi vida, y para conseguir un trabajo, mantener a mi hijo y ayudar a mi familia.

(X)

Nueva York

(X)

Nueva York

"Dime el plan de nuevo, para asegurarme de que te acuerdas de todo".

"Voy a la barra para recoger mi boleto ."

"En primer lugar voy al aeropuerto con mi pasaporte."

"Si. Te he comprado un billete. Está en tu nombre. ¿Hacia dónde viajas, por si te preguntan?"

"Venezuela. Pero tengo una parada en Nueva York, también". Leda estará conmigo. Leda era una amiga de la familia, joven como yo, pero con más experiencia y más atrevida que yo.

"En Nueva York me bajo del avión y busco una señal". Hice una pausa. "¿Qué pasa si esto no funciona?"

"No te preocupes. Si tú sigues mis instrucciones y mantienes la calma estarás bien. Buscas por un gran letrero con las letras, 'SALIR' (EXIT)'. Sales a la calle y buscas por un carro amarillo, Taxi.

¿Y entonces? ¿Tienes el papel que te envié?"

Tenía en mis manos temblorosas un pedazo de papel arrugado. "Si. Daré ese papel al conductor del carro amarrillo y él me llevará a tu apartamento ".

"Así es. A continuación, le darás al conductor el papel con la dirección que te envié. Los dólares que te envié se los entrega cuando él te deja. ¿Te das cuenta que no podíamos hacer esto si traías tu niño? ¿Verdad mi amor?"

No contesté, no podía.

Me desperté en la madrugada el día del viaje. Salí de la casa de mi madre sin decir adiós a ella o a mi niño dormido. Leda y yo nos encontramos en el aeropuerto. Yo estaba agradecida por eso, porque ella tenía más madurez que yo. Las dos estábamos seguras de que esta aventura no funcionaría. Cuando en el avión nos ofrecieron comida, sacamos la mitad y la guardamos en una bolsa. Esto era para comer cuando llegáramos a Venezuela, mientras podíamos tomar otro avión de vuelta a casa. Pensábamos que todo esto sería un fracaso.

Ella me guió y me dio fuerzas para tomar el riesgo.

Pero todo funcionaba, como se suele decir, de acuerdo al plan. A media tarde, yo estaba sentada en el apartamento de doña Evangelina en Washington Heights. Cuando llegué se daba como un hecho que yo era la novia de Julio y como tal fui recibida.

Una vez más, yo estaba con un hombre que apenas conocía y a quien no amaba. Pero nos convertimos en una pareja. Su familia era muy cariñosa y buena conmigo. Julio consiguió una habitación amueblada donde vivimos por un tiempo. En esta ocasión, como en muchas otras, hice lo que se esperaba de mí. Así durante 10 años fui su esposa.

Me quedé embarazada y nos casamos. Yo era una buena esposa, trabajaba duramente para enviar dinero a mi madre y para que no le faltara nada a mi hijo. Siempre le estaba agradecida por ayudarme cuando tanto lo necesitaba, y al hacerlo, me salvó la vida.

Al día siguiente de mi llegada, Julio me llevó a ver a Piran y Armando. Se habían reconciliado y vivian en Nueva York. Tenían un bebé, Gisel, otra sobrina que está muy cerca en mi corazón. Norma estaba de vuelta en Santo Domingo con mamá y Nelson.

Dos días más tarde, Julio me dio un poco de dinero e instrucciones para ir a la calle 14 y comprar un trabajo. Sí, en ese entonces, era algo común comprar un trabajo. La oficina de trabajo me envió a una fábrica. No recuerdo absolutamente nada de ese lugar, o la dirección, a pesar de que trabajé allí durante aproximadamente dos años.

El propietario de la fábrica era un hombre judío de mediana edad. Me entrevistó a través de un intérprete.

"¿Cree usted que puede aprender a coser mis ropas rápidamente?"

"Muy rápido."

"¿Cuántos años tienes?"

"Veintidós"

Él se acarició su barba blanca y me miró de arriba abajo. (Ah, siempre me miraban de arriba a abajo).... Estaba tan flaca y no aparentaba mi edad. "Voy a necesitar alguna prueba de eso, me dijo, a través de la interprete".

"Sí, señor". Tomé el tren de nuevo, hacia donde doña Evangelina. Ahí tenía mi seguro social. (Anteriormente había dicho que ahí tenía mi pasaporte, pero luego recordé que en el aeropuerto, cuando me fugué, ellos se quedaron con él). No sé como en ese entonces, Julio logró sacar mi seguro social, sin ningún documento legal que garantizara mi nombre y edad. Bueno, cosas de la vida. Regresé de nuevo a la fábrica. No tengo idea de cómo lo hice, recién había llegado y no conocía las intricadas vías de trenes o las calles. Aparte de mi seguro social, no tenía otros papeles. Pero el dueño de la fábrica no se preocupó por eso. Sólo mi edad.

Me encantó trabajar en la fábrica. Aprendí a hacer vestidos de casas y sombreros de invierno para las damas. Las mujeres empleadas, de habla hispana, me adoptaron con mucho cariño. Aparte de enseñarme a coser como una profesional, ellas me cuidaban tanto. Me traían almuerzo todos los días, muchas veces dos o tres a la vez, y me enseñaron algunas palabras en inglés. Me querían engordar, se preocupaban por que estaba muy flaca. Recuerdo una señora italiana de mediana edad, que también me trataba tan dulcemente. Su marido había muerto y no tenía hijos. Yo era feliz por ese lado. Yo estaba trabajando y enviando dinero a mi madre. Ahora la vida me parecía bien, pero me hacía una falta terrible ver mi hijo.

Después del trabajo, me iba a una escuela secundaria local, donde daban clases de inglés gratis. Los sábados iba a un instituto comercial en la calle 42, donde aprendí a ser una operadora de máquinas de cómputos, IBM. Quería prepararme para cuando volviera a RD tener algo que contestar cuando me preguntaran que preparación tenía.

Potito

Mi segundo hijo, Julio, nació en el mes de Marzo de 1971. Había nacido prematuro a los 7 meses. Era pequeño y tan lindo y dulce. (Todavía es lindo y dulce). Después de 2 largos años, finalmente fui capaz de conseguir mi estatus legal en los Estados Unidos y traer a casa mi Nelson. El día que llegué a casa con mis dos niños fue el día más feliz de mi vida. Ahora podía cuidar, cocinar y velar por mis hijos.

Mi hijo Julio, mi dulce Poto, siempre ha estado muy unido a mí. Nelson también, pero Julio es más demostrativo. Cuando eran niños, teníamos que manipular a Nelson para que nos dejara darle abrazos. El cabezón se hacía de rogar, pero es pura ternura. Un día se nos extravió Julio. Nelson iba por las calles y los parques buscándolo. Tendría como 13 años de edad. Yo miraba desde mi ventana, y veía a Nelson secarse sus lágrimas. Nunca le dije que lo vi, es muy privado.

Con Nelson, se siente el amor, lo ves en sus acciones. Ambos son increíbles seres humanos. Me gustan como personas. Siempre ha sido una razón de mucha pena para mí el hecho de que estuvieron tanto tiempo alejados de mí.

Tantas veces fueron a RD, de nuevo a NY, y de nuevo el mismo caso. Yo sabía que estaba perdiendo gran parte de su infancia, pero tenía mucha presión para dejarlos con mama. A lo mejor yo tenía miedo de no ser capaz de criarlos correctamente, por mi sola. Mamá tenía buenas intenciones, sólo quería lo mejor para ellos. De alguna manera, ella sentía que sólo ella podía o sabía cómo criarlos y protegerlos. .

Mi Flaco (Nelson) era un niño muy delgado y fuerte. Cuando los hombres me miraban en la calle, él quería pelear contra ellos. "Mami, yo soy delgado y pequeño, pero puedo vencerlos, yo sé muchos trucos. Puedo protegerte". Todavía me protege. Mis dos hijos lo hacen. Ser madre y abuela han sido mis mayores logros.

Ahora sentía que mi vida estaba completa. Dejaba mis niños en sus escuelas, me iba a mi trabajo, volvía a mi casa y cocinaba para mi familia. Lo ideal, ¿verdad? No es que yo disfrutaba la parte de cocinar constantemente, pero el hecho de que era para mis hijos, eso justificaba todo. La alimentación de mis hijos era primordial para mí. Nunca quería que pasaran hambre, como lo hice yo.

Pero entonces mi marido Julio comenzó a beber. Se emborrachaba, buscaba formas para pelearse conmigo y trataba de hablarle mal a mi hijo Nelson. Una noche, él se acercó a mí y pude oler el alcohol en su aliento. "¿Por qué abrazas y besas tanto a Nelson? ¿Es que te recuerda a su padre? Esto era algo terrible para mí". Julio era un hombre celoso. Tenía problemas emocionales que llevaba desde su infancia. Hubo tragedia en su vida, pero no es algo que me siento libre para hablar.

Julio salía para su trabajo todos los días, pero no regresaba a casa hasta muy tarde en la noche. Y muy borracho. Mi vida se convirtió en una pesadilla. Trataba de mantenerlo calmado, para que no tratara de lastimar a Nelson o a mí. Siempre le he tenido miedo a los borrachos, y ahora me tocaba convivir con uno.

Para este tiempo, mi madre y hermanos también se habían mudado a Nueva York. Felicia se casó con un hombre que le ayudó a arreglar su estado legal en EU, y a la misma vez, mi madre y hermanos menores, Rafael y Frey. Ahora todos estaban viviendo en Yonkers.

Tenía que escapar de Julio, pero esta vez no quería pedir ayuda a mi madre. Hablé con Ramírez. El era gerente de un departamento de cómputos en una empresa muy grande en la capital, y también un buen amigo.

(XI)

Santo Domingo
Dos años gloriosos

(XI)

Santo Domingo
Dos años gloriosos

Le dije a Julio que iría con los niños a Santo Domingo por dos semanas de vacaciones. Él no se opuso.

Ramírez me consiguió un trabajo en su compañía. Por medio de él también logre conseguir donde vivir. Una de sus empleadas, Mireya, me permitió a mí y a mi hijo, vivir en su casa, con ella y su niñito. Su hijo era un año mayor que Potito (Potito es el apodo de mi hijo Julio). Había dejado a Nelson con mamá en Yonkers, porque quería que terminara el año escolar. Seis meses más tarde, mi hermano Mario me trajo mi cabezón. Cuando tuve mis dos chicos conmigo, alquile una casa más grande. Todas las mañanas, salíamos juntos de la casa.

Yo caminaba a mis hijos hasta el autobús escolar, entonces esperaba por el autobús de la empresa para llevarme a mi trabajo. La vida era un poco difícil, económicamente. Mi sueldo no era suficiente para mantenernos a los tres. Sin embargo, nos desenvolvíamos de algún modo, aunque con privaciones.

Pero al cabo de unos meses, mi marido Julio volvió a aparecer. "Déjame demostrarte que puedo y quiero cuidarles, para que no les falte nada", declaró. "He dejado de tomar. No puedes mantenerte y a los niños, sin una ayuda. Puedo conseguir un trabajo aquí y te ayudare, dame la oportunidad". De nuevo volví a confiar en sus promesas. Y en verdad, me hacía falta ayuda económica. Empezó quedándose de vez en cuando, siempre en el cuarto con los niños, para demostrarme sus buenas intenciones. Al principio todo estaba bien. Pero al poco tiempo, ni siquiera un mes, el empezó a beber de nuevo. Era una enfermedad.

Un día llegué a casa y encontré a Julio y Potito fuera en el patio. Mientras tanto, Nelson estaba en la casa llorando. Julio había maltratado verbalmente a Nelson. Esa fue la gota final para mí. Sé que Julio estaba tratando de mantenerse sobrio y ser un buen padre para ambos niños, pero era débil. Recuerde, él era un hombre traumatizado. Su infancia había sido una pesadilla. Por eso y porque él me había ayudado cuando lo necesitaba tanto, le había tenido tanta paciencia. Pero mi paciencia había terminado. Tenía que proteger a mis hijos, especialmente a Nelson.

Me dolía dejar mi trabajo en Santo Domingo. Había hecho amigos increíbles. Amigos a quienes todavía conservo. Mirian, Mireya, y Esperanza (Pera). Algunas veces, después del trabajo, nos íbamos a un lugar al aire libre a comer salchichas y tostones, con una cerveza presidente. Nunca nos quedábamos mucho rato. Todas teníamos niños en casa.

A pesar de que la paga no era buena, el trabajo era un placer. Trabajaba como operadora de maquinas de cómputos en una oficina donde Ramírez era el encargado. Todos los días a las 10 am y 3 pm de la tarde, una joven caminaba por las oficinas con una bandeja llena de golosinas y pequeñas tasitas de un aromático cafecito negro. Nunca me he preocupado por el café, pero disfrutaba con solo tomar una de esas tasitas en mis manos, y aparentar que tomaba. Aunque de vez en cuando me tomaba un traguito.

El autobús de la empresa nos llevaba al trabajo en las mañanas, a la casa para almuerzo, y de vuelta a casa por las noches. Me encantaba volver a casa y servir la cena a mis hijos. Muchas noches teníamos nuestra rutina de dormir en la oscuridad, porque la electricidad no era estable. Pero no nos importaba. Estábamos juntos.

Pero mi responsabilidad era mantener a mis hijos a salvo. De nuevo empecé a planear. Dejé mi amado trabajo, tome dinero prestado para los pasajes de avión, y esperé. Una mañana le dije a Julio que necesitaba llevar los niños a tomar sus vacunas. En vez de eso, los tres tomamos un carro público y nos dirigimos directamente hacia el aeropuerto. Para evitar sospechas, no tomamos nada con nosotros. Sin equipaje, sin ropa, sin libros. En ese momento, Nelson tenía diez años y Potito tenía seis años. Hasta que estuvimos fuera de casa, no le había dicho nada a Potito, tenía miedo que cometiera un error y dijera algo frente a su padre.

(XII)

Nueva York, otra vez
Mis hijos, mi familia

(XII)

Nueva York, otra vez
Mis hijos, mi familia

Cuando llegamos a Nueva York en el invierno de 1977, nos fuimos a vivir con Victoria. Victoria es una de las ex esposas de Mario y una muy buena amiga mía. Ella es la madre de mi amado sobrino Edwin. Ella nos dio la bienvenida y nos sentimos como en casa. Felicia también vivía con Victoria. Había dejado a su marido y se escondía, igual que yo. Esa noche llamé a Julio y le dije que estábamos en Nueva York y que no nos iba a volver a ver, nunca. Estaba enfadado, supongo.

Al día siguiente le pregunté a doña Juana, una amiga de Victoria, que si podía cuidar mis hijos y los hijos de Felicia para que pudiéramos buscar trabajo. Mi madre estaba viviendo en Yonkers, pero no podíamos llevarles a los niños allí porque el marido de Felicia o mi marido podrían encontrarnos. Felicia y yo rápidamente encontramos trabajo. Pero el trabajo estaba lejos de Victoria: dos horas para ir, dos horas de regreso. Mientras tanto, nuestros hijos no estaban contentos con doña Juana. Ella era demasiado odiosa y bruta. Esto era una preocupación para nosotras. Decidimos esperar para el comienzo del próximo año escolar para comenzar a hacer gestiones en escuelas cerca de mamá. Entonces podríamos llevar a nuestros hijos a Yonkers, donde ella. Con la idea, de que si en seis meses, no había ningún incidente con nuestros esposos, quizás podíamos mudarnos con mamá también, en Yonkers.

Nuestros niños empezaron en su nueva escuela en Yonkers, y estaban contentos de estar con ella. El plan era que se quedaban con mamá durante la semana. Los viernes, después del trabajo, pasábamos a buscarlos y los llevábamos con nosotras donde Victoria en Brooklyn, hasta el domingo por la tarde. Felicia y yo teníamos terror cada vez que íbamos a Yonkers. Mucha gente Dominicana vivía en el barrio de Mamá. Si alguien nos reconocía, le podría informar a uno de nuestros maridos. Pero no nos descubrieron. Después de un año, una vez que las cosas se habían calmado, Felicia y yo planeamos finalmente mudarnos a Yonkers, para estar con mamá y los niños.

"Yo no me quedo aquí", declaró Mamá. "Voy a volver a Santo Domingo".

"Pero mamá, estamos listas para mudarnos aquí contigo y los niños. Sabes que hemos estado planeando esto".

"No. Este no es un buen ambiente para los niños. Los niños necesitan una mano fuerte. Y esto no es un lugar para criar a una niña ".

"Entonces vamos a encontrar un lugar para todos nosotros en Brooklyn", le dijimos.

"Ya he terminado con esta terrible ciudad. Ya estoy cansada de vivir dentro de estas cuatro paredes. Ustedes se quedan aquí, trabajan y me dejan llevar los niños conmigo".

Felicia había trabajado tan duro, al igual que yo, ahorrando unos pesitos para comprar camas y otras cosas para la familia, para vivir con nuestra madre y nuestros hijos. Felicia quería tener sus bellos hijos, Carlos y Jackie con ella. Nosotras rogamos a mamá, pero su mente estaba hecha. Ella nos dijo que si no dejamos que sus nietos vengan con ella, se sentiría my sola y triste. Nos dijo que necesitaba la ayuda económica de nosotras para poder vivir en Santo Domingo, y si teníamos nuestros hijos con nosotros en Nueva York, no tendríamos suficiente para ayudarla a ella.

Ella nos convenció, "quien mejor que ella para amar y cuidar nuestros niños, mientras que trabajábamos y le enviábamos nuestra ayuda". De nuevo van nuestros hijos de vuelta para RD. Nuestros corazones pesados por ellos. Nos hacían tanta falta, y nosotras a ellos.

Un año y medio más tarde, mamá decidió regresar a Nueva York. Nos alegramos inmensamente, porque ahora podríamos estar juntos de nuevo.

Mientras tanto, Felicia y yo conseguimos un apartamento más grande y lo preparamos para recibirlos. Nos mudamos a un apartamento grande en Brooklyn. Era un lugar bonito. Los niños iban a la escuela. Los llevaba a la YMCA para aprender a nadar, a los museos, al parque, a restaurantes (sólo los baratos, como el dinero seguía siendo apretado). Nuestro hermano menor Freddy también vivía con nosotros en este momento. Iba a la universidad, pero no podía conseguir un trabajo. Él se enojó con nosotras porque teníamos novios. Todavía estábamos en el proceso de crecimiento.

"Ustedes salen demasiado", nos decía. "Ustedes deben quedarse en casa y hacer la comida y las tareas del hogar, para que ayuden a nuestra madre". Tenía razón. Mamá también se cansó de esta situación y decidió, una vez más, irse de regreso a Santo Domingo.

"Eso está bien si eso es lo que quieres mamá, pero esta vez nuestros hijos se quedan con nosotros". Felicia y yo hicimos los cálculos. Pensamos que podríamos mantener el apartamento, si alquilamos una de las habitaciones. Pues ahora tendríamos más gastos, pues había que pagar una persona para cuidar los niños. Y también, no nos quedaría dinero para enviar a mamá.

Mamá no nos respondió, decidió usar otra estrategia. La semana siguiente, una gran sorpresa, nuestro hermano Mario llego de repente, sin nosotras saber nada. El corazón se nos paralizó cuando nos dimos cuenta de lo que estaba pasando. Ella, nuestra madre, invitó nuestro hermano para que el nos hablara. En ese momento él era un oficial de alto rango en la policía. Era un hombre con mucho poder y conexiones y nosotras lo respetábamos.

"El nos habló con mucho respeto y cariño. Miren muchachas, ustedes saben que tienen hijos varones, que ya están grandecitos, que necesitan la voz de un hombre para guiarlos. Al mantenerlos aquí les hacen daño, no sean egoístas. "Pasó el dedo por encima del borde de su taza de café. "Ya son mujeres adultas, actúen como tal, y hagan lo que es mejor para ellos. Nosotras le mirábamos como tontas. El era y siempre fue, el que representó un padre para nosotros todos. El hermano mayor.

Continuábamos enojadas, pero incapaz de refutarle.

"Puedo protegerlos. Nadie se atreverá a molestar la familia en la Capital. No puedo protegerlos en Nueva York. Ustedes saben que esto es cierto. Mamá sabe que esto es cierto. Es por eso que ella me dijo que viniera a ayudarles a entrar en razón a las dos ".

En el momento, ni Felicia ni yo teníamos la madurez para luchar y mantener a nuestros hijos con nosotros. No confiamos en nosotras mismas para saber lo que era correcto para nuestros hijos. Dejamos que Mario y Mamá nos convencieran de que ellos sabían mejor. No sabíamos lo que significaba ser padres.

Siento tanto dolor cuando me imagino esa infancia de nuestros hijos, de un lado para otro, y sin sus madres tanto tiempo. Tantos cambios, cambios de escuelas, cambio de amigos, de hogares, tanto.

Es sorprendente que hoy en día son padres cabales, responsables y amorosos. Además, buenos hijos, a pesar de llevar esas cicatrices. Hijos, cuanto lo sentimos. Lo único que me da un poco de consuelo es que sé que nuestra madre los amaba mucho, y que el tío Mario se preocupaba por sus cosas.

No mucho después de que Mamá se mudó con nuestros hijos de vuelta a Santo Domingo, Felicia decidió dejar su trabajo e irse a estar con los niños en Republica Dominicana. Ella se fue a vivir con mamá y los niños y buscar trabajo allí. Los planes eran que yo más tarde regresaría también.

Eso me daba consuelo también, pues la tía Felicia ha sido una segunda madre para mis hijos. Mi Hermana conoció un muy buen hombre, Fernando, y se casó con él. Este hombre, como es grande de tamaño, así es su corazón. El ha sido un regalo para todos nosotros, cuida de Felicia, ayudó tanto a cuidar nuestra madre, en sus últimos años, y ha sido una figura paterna para muchos de mis sobrinos.

Me quedé en Nueva York con la intención de también regresar a RD más tarde. Para ahorrar dinero, alquilé una habitación, y continuaba enviando dinero a Santo Domingo. Pero, la vida me tenía otra cosa. Antes de un año, conseguí un buen trabajo en la Autoridad de Tránsito de la Ciudad de Nueva York, con sede en el World Trade Center. Este trabajo pagaba un buen dinero y tenía buena cobertura médica y dental. Me busqué un apartamento en Brooklyn. Podía pagarlo todo. Entonces, mis hijos vinieron a vivir conmigo, esta vez, con fe de que seria para siempre. Empezaron a ir a la escuela y a formar nuevas amistades.

Antes de Mamá regresarse esa última vez a RD, le ayudamos a conseguir la ciudadanía estadounidense. Felicia encontró un trabajo en DR, por lo tanto, yo no tenía que enviar tanto dinero a mi madre. Mis dos hermanos menores, Rafael y Freddy, se habían casado y tenían sus propios hijos. Sobrinos que amo mucho también. Algunos de ellos viven físicamente muy lejos, pero siempre en mi corazón.

Después de un tiempo, mis hijos y yo tuvimos que mudarnos a otro apartamento en Brooklyn, más pequeño, pero más conveniente por el vecindario. Las escuelas de Julio y Nelson, y mi trabajo, todos estaban cerca, podíamos caminar hasta ellos.

Mamá, una vez más, volvió a Nueva York y vino a vivir con nosotros en nuestro pequeño apartamento estudio. Estaba bien, estábamos acostumbrados a pequeños espacios. Mientras Nelson asistía a la Universidad, también consiguió un trabajito y me dijo que estaba pensando en irse a vivir con un amigo. El es y era tan bueno, trabajando y continuando sus estudios y con mucha madurez, a pesar de los pesares. (Me gusta esta expresión, la tomé de una canción).

Nuestro apartamento era un lugar feliz, pequeño, mucha gente pero siempre alegres. Aquí eran bien recibidos todos los amigos de Nelson y Julio. Venían y comían todo lo que había en la nevera. Me sentía tan feliz de poder hacer esto por ellos. Aunque como yo solo cobraba inter semanal, cuando se comían todo y yo no tenía dinero para llenar de nuevo nuestra nevera, me preocupaba. Pero había un ángel guardián que nos tendía la mano. El, sin yo decirle nada, venia de vez en cuando y abría la nevera a ver cómo estaban las cosas. El ponía en la nevera cosas que sabía le gustaban a los muchachos: queso, pan, leche, huevos... El tenía todas las llaves, pues era el súper del edificio donde vivíamos. El me ayudó a conseguir este apartamento.

Este ángel guardián es mi primo Juan. Si, él es el esposo de mi prima María. Ella es una de las primas que no son primas, son hermanas. El siempre ha sido un primo muy querido por mí, y le agradezco eternamente. Gracias Juan. Además de mis hijos, siempre tuvimos uno o dos sobrinos quedándose con nosotros. Yo les decía a uno de ellos, el sabe quién es, "ve a tu casa, donde pagas renta". El sabía que lo hacía en broma, con todo el amor en mí. Les gustaba estar en mi pequeño apartamento pues ahí se sentían libres y amados.

Una vez más, mamá se regresó a Santo Domingo. Ella tenía el espíritu de un vagabundo. No podía quedarse en un solo lugar por mucho tiempo. En retrospectiva, me pregunto si ella estaba sufriendo de las primeras etapas de la enfermedad de Alzheimer.

Decidí volver a la escuela y obtener mi título universitario. Siempre me había interesado en la psicología. Me registré en el campus de Brooklyn, Long Island University, que queda a una cuadra y media de mi apartamento. Era conveniente. Tenía que trabajar duro, más duro que la mayoría. Recuerdas, solo hice 8vo curso, en Cabrera. No tenía escuela secundaria. O sea, que tomé un examen GED, y lo pasé, y eso me permitió ingresar a la Universidad. Es decir, que en la Universidad, hice escuela secundaria y a la misma vez, hacia estudios universitarios. Lloraba de frustración e impotencia, pero no me rendía.

Esos años fueron algunos de los más felices de mi vida. Tenía mis hijos, mi trabajo, la escuela y mis amigos. También empecé a tomar clases de piano. Me encanta el piano. También empecé a pintar. Descubrí que la pintura era (y es) mi mayor pasión. Me sentía tan completa, y por lo tanto a cargo de mi vida. Era la primera vez que realmente me sentía de esa manera. Era 1986; Yo tenía 40 años.

En 1991, me gradué de la universidad con una licenciatura en Psicología. Fue un gran logro para mí. Me costó trabajar como un caballo durante casi cinco años para mantener mis calificaciones. Llegué a la universidad ignorante de muchas materias: reglas gramaticales de Inglés, estadística, álgebra, cálculo, etc., etc. Aprendí todo porque quería hacerlo. Lo quería hacer por mí misma y quería mostrar a mis hijos que con mucho esfuerzo, disciplina y dedicación, pueden lograr sus sueños.

También quería estudiar porque esas fueron las últimas palabras que me dijo mi padrino, Suriñach. Recuerdan, el esposo de Alba. El nunca me hablaba, cuando yo vivía en su casa. Yo creo que él era un poco tímido también. Pero antes de yo partir hacia NY, fui con mi baby Nelson, a verles a todos que vivian en ese tiempo, en La Victoria. Recuerdo que fui a su lugar de trabajo para verle. El no estaba con la familia en la casa cuando yo llegué. Allí el me dio un abrazo, me dio unos pesos y me dijo, "trata de estudiar, siempre, aunque sea mucho mas tarde, tu eres inteligente". Wow, nunca olvidé sus palabras. Gracias padrino.

Mis hijos se convirtieron en hombres. En 1990, Nelson compartía un cuarto con un amigo. Luego se fue a vivir con una amiga. Esta amiga era un poco loca, pero era muy linda y tenía mi hijo enamorado ciegamente. Luego que él la ayudó mucho, esta chica lo botó. Entonces él se mudo solo a su propio apartamento. Yo creo que el sufrió mucho, pobre hijo, aprendiendo.

Se graduó de la universidad y consiguió un trabajo en NYC Transito. Julio comenzó la universidad y estaba haciendo muy bien. Tenía una novia que nos causó un montón de problemas. Julio y esta novia vivían en el estudio conmigo porque su padre la había echado a la calle. La hija de mi hermana Felicia, Jackie, estaba viviendo con nosotros también. Ella siempre ha estado muy unida a mí. (Y yo a ella). Ella es como mi propia hija. Yo sólo tuve dos hijos, pero tengo una relación de amor y me siento como madre, con todos mis sobrinos/sobrinas.

Jackie estaba viviendo con nosotros y yo quería guiarla sin ser demasiado estricta con ella. La amaba mucho, y sabía que ella me miraba como la tía 'cool' y que era fácil de vivir conmigo. Eso era cierto, pero yo también quería que ella hiciera algo con su vida, no simplemente pensar en ser la novia o esposa de alguien. (Ahhh, ya yo había madurado, había aprendido a valorarme). Un poco tarde, pero sucedió. Dice mi amiga Nuris, "todo tiene su tiempo". Tuve una conversación con ella. Ella lloró.

"Yo sé que estás triste hoy", le dije. Pero mañana prométeme esto: averigua lo que quieres hacer. Puedes ir a la escuela o puedes buscar un trabajo. Te apoyaré en todo eso, menos en quedarte en casa haciendo nada. Bueno, mi hija amada lo hizo a su modo. Se casó. Siempre me he sentido culpable de esta decisión de ella. Ella no era feliz en mi casa, y yo no podía ayudarla.

La novia de Julio era muy irrespetuosa y abusiva con todos nosotros. Un día, ella insultó a Jackie. Jackie me dijo que tenía que echarla. Hablé con Julio y este me rogó que la dejara quedarse. "Mami, ella no tiene a dónde ir, ella va a tener que vivir en la calle". No podía tirar la novia de Julio a la calle. Lo siento mi Jackie.

Por ese tiempo, yo también empecé a hablar con un hombre de mi trabajo, Richard. Él era un gerente en otro departamento. Me invitó a comer un día y le dije que me gustaría ir, pero no podía. En mi vida aun tenía la pesadilla de un chico que me perseguía porque no quería estar con él. Este chico era un poco inmaduro y yo no quería nada ni nadie en mi vida en ese tiempo. *(Me sentía completa, y por primera vez, ya no solo escuchaba y obedecía)*. Él entendió y nunca más me invitó de nuevo. Me quería quedar libre por un tiempo. Hasta este punto, todas mis relaciones románticas habían sido una serie de desastres. Y yo estaba muy cansada de todos.

Un año más tarde, decidí regresar a la Universidad para hacer mi maestría en trabajo social, en la Universidad Hunter. Necesitaba una carta de una persona en mi trabajo, hablando de mi carácter y de mi persona como empleada. Así que le pregunté a Richard. Este escribió una carta muy buena para mí. Más tarde, se atrevió y me invitó a salir de nuevo. Esta vez le dije que sí. Parecía muy caballeroso y honesto. Empezamos a salir, pero sólo a salir. Pronto las cosas evolucionaron y se pusieron serias.

Cuando me pidió que nos casáramos, le dije que sí. Pero con el acuerdo de que yo quería que cada uno de nosotros nos quedáramos en nuestros propios apartamentos. El había estado solo durante 17 años y yo estaba acostumbrada a estar sola también. Tres meses después, en agosto de 1992, nos casamos. Coincidencialmente, nuestra boda fue el mismo día que la de Jackie. (Jackie, querida mía, perdóname, no fui capaz de hacer tu vida más fácil).

Tuvimos una boda muy pequeña en una de las cortes civiles en Queens. Los únicos asistentes fueron Karen, Julio, y Nelson. Una boda muy informal, me gustaba de esa manera, y lo mismo a Richard.

Karen es la dulce hija de Richard. El día de nuestra boda, ella me dijo: "Soy la hija que nunca tuviste". Eso fue profundo y ahí mismo entro a mi corazón. La quiero mucho. Ella es una mujer increíble, me gusta como persona y la quiero como hija. Agradezco a Susan, su madre. Estoy agradecida de ella por compartir su hija conmigo. Si tuviera mi propia hija, no creo que pudiera amarla más.

Karen conoció y se casó con un joven muy bueno, Paul. Ellos tienen dos niños. Mis dos nietos adorables: Noah y Lila. Ellos viven lejos de nosotros, pero nos visitan y nosotros les visitamos periódicamente. Paul tiene una familia encantadora en Toronto. Los amamos y sentimos que son nuestra familia también.

Mis nietos me llaman abuela, y eso me encanta. El mayor es tan tierno y amoroso, y muy inteligente. La niña, tiene una personalidad tan interesante. Desde el principio, podía ver que esta niña sería una mujer muy fuerte y amorosa. Cuando nos visitan, ella duerme en mi habitación conmigo. Hablamos mucho antes de ir a dormir. Nuestras conversaciones son muy interesantes, por decir lo menos.

Cuando Lila tenía seis años, durante una de mis visitas a Seattle, me dijo, "La gente en Nueva York tienen suerte".

"¿Por qué?", Le pregunté.

"Porque te tienen a ti". Estas palabras llegaron hondo en mí.

Karen es muy cuidadosa de mantener la familia unida. Cada vez que nos visitan, hace lo posible para visitar a Julio y Nelson, de modo que los niños puedan llegar a conocerse.

Mi dulce Jackie se casó con este joven, una buena persona. Pero ninguno de ellos estaba emocionalmente preparado para casarse. Tuvieron un hijo precioso, Alberto, a quien amamos tanto. Pero la relación no funcionó. Los dos estaban en proceso de crecimiento. Luego más tarde, Jackie se volvió a casar y tuvo una hija. Esta hija es hermosa y se parece a ella. Su marido es un hombre bueno y trabajador. Jackie regresó a la universidad, obtuvo su grado, y luego consiguió un muy buen trabajo en un hospital de Queens. Ella es una madre dulce y cariñosa. Ella ha madurado y ha aprendido a amarse y valorarse a sí misma. Estoy muy orgullosa de ella y ella me ama como una segunda madre.

Mis hijos estaban contentos con mi relación con Richard. Ellos lo aceptaron. Nelson ya estaba trabajando y viviendo por su cuenta. Mi querido Poto aún vivía conmigo. Todavía necesitaba la conexión con mi casa. Y eso era completamente aceptable para mí. Pero lo empujaba a hacer algo con su vida. El hecho de que su novia estaba viviendo con nosotros fue muy incómodo. Ella era problema.

Después de que Richard y yo nos casamos, continué viviendo en mi apartamento con Julio y su novia. Richard vivía en su apartamento en Queens. Ese fue el acuerdo.

Solía ir y quedarme con Richard los fines de semana. Un sábado por la noche, alrededor de las 11:30 pm, Julio llamó. "Mamá, ¿puedes venir y ayudarme a sacar esta loca mujer de aquí?"

Richard y yo corrimos. Cuando llegamos, la policía estaba allí. Mi corazón latía fuera de mi pecho. El apartamento era un desastre. La televisión estaba en el suelo, y los papeles estaban esparcidos por todas partes. Ella estaba gritando a los agentes de policía. Julio casi llorando. Uno de los policías me llevó aparte. Me dijo que sacara de mi lugar esta chica.

Richard y yo la llevamos a un lugar en el Bronx, a casa de su padre. El padre la había echado de su casa, debido a su comportamiento. Pero esa noche no tuvo otra opción más que aceptarla.

Esa noche Richard me dijo: "Tu y Julio tienen que venir a vivir conmigo. Y tu loro, Cuca. Vamos a alquilar tu apartamento". Estuve de acuerdo. Pero no fue fácil. Richard es una persona muy organizada y disciplinada, Julio y yo, no tanto. Y Cuca era un pájaro loco con una boca grande. Richard estaba acostumbrado a un estilo de vida tan diferente al nuestro. Empecé a tener reflujo gástrico, a crujir los dientes por las noches, no sentía paz, ni me sentía cómoda.

Durante el primer año que vivimos juntos, tuvimos tantas conversaciones. Algunas eran pacíficas, otras no tanto. Pero los dos queríamos que la relación funcionara. Era importante ya que nuestras familias estaban unidas. Su madre e hija, me querían tanto, y yo a ellas.

Mientras tanto, Julio no estaba trabajando, ni quería ir a la escuela. Estaba muy preocupada por él, pero conocía mi hijo, y yo sabía que necesitaba el tiempo. Aun no estaba listo para ser responsable. Pero Richard me dijo que teníamos que asustarlo para que lo hiciera. Que teníamos que asustarlo. "Si no va a la escuela o consigue un trabajo, tenemos que decirle que tiene que mudarse de aquí".

Rechacé esta idea.

Yo también quería que Julio hiciera algo con su vida. Pero sabía que necesitaba tiempo emocionalmente. Richard era más estricto que yo. Al mismo tiempo, Richard es más generoso.

Julio quería un computador personal. "Consigue un trabajo", le dije. "Ahorras la mitad del precio, y yo cubro la otra mitad". Se consiguió un trabajito, pero nunca pudo ahorrar nada. ¿Por qué?, no lo sé.

Pero esta vez, Richard quiso darle un chance. El se adelantó y le compró su computadora, sin decirme nada. "Me pagas poco a poco". Y Julio lo hizo, le pago todo, poco a poco.

Y luego estaba mi querida, amada Cuca. Cuando ella hablaba y me miraba con esos pequeños ojos marrones, yo veía amor en ellos. Sí, nos comunicábamos. Cuando nos mudamos al apartamento de Richard, ella cambió. Ella se enamoró de Richard. Siempre que me veía cerca de él, quería morderme. Antes de eso, ella se sentaba en mi hombro y permanecía allí mientras yo cocinaba o pintaba. ¡También me sacaba espinitas de mi nariz!! Ahora ella me atacaba. Ella también comenzó a desplumarse. Se hizo tanto daño a sí misma. La llevamos al veterinario. Se le diagnosticó "problemas emocionales".

El veterinario sugirió que la lleváramos a una tienda de animales. Que quizás ahí, al sentirse rodeada de otros pájaros y personas, se podía entretener y olvidarse de atacarse a sí misma. Fuimos con ella a un lugar de estos, en nuestro vecindario. Les explicamos el caso. Un joven que trabajaba ahí, nos prometió cuidarla, nos dijo que el amaba las cotorras.

Supuestamente uno de los problemas, era que ella estaba demasiado sola durante el día. Cada día, después del trabajo, Richard y yo pasábamos a darle un cariñito. Ella parecía feliz. Yo realmente la amaba. Pero parece que uno de los empleados también se enamoró de ella. Un día que llegamos a visitarle, nos enteramos de que el empleado había desaparecido llevándose mi Cuca.

El dueño de la tienda afirmó que no tenía ningún tipo de responsabilidad con nosotros, que nos estaba haciendo un favor. Esto fue hace más de 25 años, y todavía tengo sueños con mi preciosa Cuca, veo sus ojitos mirándome, con entendimiento, como si me quisiera contar algo. Espero que donde quiera que esté, el que se la llevó, que la amen tanto como yo.

A su tiempo, Julio consiguió un mejor trabajo y una mejor novia. Esta novia, Jennifer, es su esposa en la actualidad. Ella es una muy buena esposa y una buena madre. Al principio tenían sus altibajos, como toda pareja recién casada, pero por el momento, tienen una relación muy sólida. Tienen dos hijas, mis nietas adorables, Justicia y Juniper. Vamos a verles todos los martes. Richard les trae bagels, que adoran. (Su perro, Julias, adora los bagels, también.) Richard les ayuda con la tarea y, a cambio, ellas le alimentan con dulces, que a él le encantan....

Yo ayudo un poco también. Les cocino arroz, es lo único que me permiten cocinar. No les gusta mi comida (no es extraño). Recuerda que soy mala cocinera. Muchas veces, me siento cansada y me duele todo el cuerpo, pero una vez que llego donde ellas, que siento el amor y sus manos suaves, todo se siente bien. Juniper es amorosa y cálida. Ella me recuerda mucho a su padre cuando era un niño. Ella le gusta abrazar y ser abrazada. Justicia es una joven dulce y adorable. La miro y siento un calor dulce en el interior de mi pecho. Ella es madura para su edad, muy segura de sí misma y muy calmada. Cuando Juniper era más joven, Justicia la disciplinaba y se aseguraba de que hiciera sus tareas escolares.

Ahora, Juni es muy responsable y cuida de su trabajo escolar y otras actividades, sin necesidad de ninguna ayuda de su hermana mayor. Pero son muy unidas y se ayudan una a la otra. Se quieren y respetan. Juni tiene mucho respeto por su hermana mayor y pide su opinión de vez en cuando. Ellas vienen de vez en cuando y nos visitan y duermen aquí. Cuando eso sucede, comparten un cuarto conmigo. Antes de dormir, les rasco las espaldas y les canto un poquito de 'Eres mi niña bonita……"

¡Me siento tan bendecida!!!!....

Jennifer trabaja muy duro para mantener a la familia. Decidieron sacrificarse por un par de años, para que Julio pudiera volver a la escuela y terminar su título universitario en bellas artes. Ahora terminó la escuela y se graduó con honores. Alquilaron un estudio donde Julio trabaja en su arte y hace trabajos por encargo, y está en el proceso de crear un libro ilustrado para niños. El es un artista increíble, tiene un gran talento y creatividad. Me siento cómoda en su casa, se respira amor y estabilidad. Una de las tareas cuando les visitamos, es Richard y Julius, salir de paseo. Dan una larga caminada por el barrio.

Cuando estaban más pequeñas y todavía, trato de manipular las niñas para que coman mas frutas y verduras. Nada fácil, pero he logrado algunos avances. Les enseño algunas palabras en español y me aseguro de que tomen suficientes líquidos. Pero ya están grandes y hacen estas cosas por sí mismas. Me encanta ayudarles a doblar su ropa.

Julio es muy buen esposo, padre y un hijo amoroso. Ama a sus niñas y esposa, y haría cualquier cosa por ellas. Continúa su pintura y dibujo. Las paredes de su hogar están llenas de su arte, y del arte de las niñas, que heredaron esto de él. Jennifer siempre apoya y motiva a Julio a trabajar en su arte.

Por desgracia, a partir de este escrito, mis dos amados hijos no se comunican entre sí, pero tengo fe en que algún día las cosas serán diferentes. Dice mi amiga, "Todo a su tiempo". No voy a entrar en detalles de esta situación dolorosa, sólo espero. Ambos son hombres buenos y ninguno de los dos ha hecho ningún daño al otro. Ambos son hijos tan cerca de mi corazón, y son tan buenas personas. Estoy tan agradecida por eso. Ellos me aman y me respetan. Gracias hijos.

Nelson tuvo una breve relación con una joven alemana. Ella quedó embarazada y tuvo un hijo. Sí, mi primer nieto hermoso, Dorian. Es triste, porque por muchos de sus años de infancia, hemos tenido muy poco contacto con él, porque vivía en Alemania con su madre. La primera vez que conocí a este chico, me puse a llorar. Dorian era de la misma edad que tenia Nelson la primera vez que lo deje con mamá.

Mi cabezón. La relación con la madre de Dorian ha sido difícil. Ella nos impedía de tantas maneras, ser parte de la vida de Dorian. Ella tuvo un hijo con otro hombre, y queríamos amarlo también, pero ella hizo algunas cosas deshonestas que crearon aún más distancia y desconfianza entre nosotros.

Cuando Dorian tenía 16 años de edad, ella le permitió venir a los Estados Unidos por sí mismo. Ella tenía un novio que no quería a Dorian. Esa fue la única razón que le permitió venir donde su padre. Originalmente, el plan era que se quedaría con Nelson durante un año. En vez de eso, Dorian decidió quedarse aquí con nosotros, permanentemente. Dorian es un chico feliz y normal. Muy serio y responsable con sus estudios, y una persona increíblemente buena.

Más tarde, Nelson tenía una novia llamada Anya. Durante un par de meses se separaron y el comenzó a salir con una joven Sueca. Bueno, la joven quedó embarazada y regresó a Suecia sin decirle nada a Nelson. Eso es lo que me dijo Nelson.

Mientras tanto, Nelson y Anya se reconciliaron y finalmente, se casaron. Tuvieron una hija, Maya. Ella es preciosa y tan parecida a Nelson. Las cosas se complicaron porque antes de que esta niña fuera concebida, Nelson descubrió que tenía un hijo en Suecia. Sí, otro hijo precioso y amoroso, Eric. Otro nieto para mí. Anya tenía un problema con esto. Ella no creía que Eric fue concebido mientras ella y Nelson no estaban juntos. Y no quería que Nelson fuera parte de la vida de este niño. Pero Nelson necesitaba y quería ser parte de la vida de su hijo.

Cuando Maya tenía dos años, Nelson y Anya se divorciaron. Eso me dolió mucho porque yo sabía que Nelson quería hacer que esta relación funcionara. Él quería ser parte de la vida de su hija, verla crecer bajo el mismo techo. Sin embargo, él no era feliz en la relación. Aún así, quería quedarse, solo por su hija. El era un marido infeliz, pero un padre feliz y amoroso.

Pues bien, a partir de este escrito, Nelson vive en un apartamento. Él tiene el cuidado permanente de su hijo mayor. Él tiene cuidado de su hija los fines de semana. Y los jueves, que la recoge de la escuela y se queda con ella hasta que la madre llega a casa.

La familia sueca es muy buena gente. Los amo, y recientemente Nelson me llevó con él a Suecia para verlos. Tuvimos un tiempo increíblemente feliz; son tan cariñosos y nos trataron muy bien. Estoy muy contenta de que son la familia de Eric; el proviene de buena gente. De vez en cuando vienen y nos visitan. Nelson ama mucho a todos sus hijos. Aprendió a cocinar y se enorgullece de hacer platos para sus hijos. Los domingos, cuando Maya está con él, Richard y yo vamos a verles y a dar la mano a sus hijos. Le admiro y respeto. Nelson es una persona buena y un gran papá.

Recientemente, empecé a recoger Maya de la escuela un día a la semana. Es un placer para mí. Hablamos y jugamos. Ella está siempre dispuesta a contar historias y a jugar. Es una niña alegre, tierna y amorosa. Pero cuando nos toca hacer tarea escolar, hu, no muy fácil. Tengo que poner mi cara seria. Maya es muy cariñosa y amante con su padre, esto me da mucha felicidad. Ella lo ama y cuida de él. Ella tiene un carácter muy sensible y ama a todo tipo de insectos. Cada vez que encuentra uno, quiere llevarlo a casa y hacer una cama para él. Después de un tiempo tuve que dejar de venir a recogerla de la escuela. Ellos viven en un edificio sin ascensor. Su apartamento está en el cuarto piso.

(XIII)

Reencuentro con Mi Niñez

(XIII)

Reencuentro con Mi Niñez

A lo largo de los años, durante mis luchas para sobrevivir y mis muchos tropiezos y altibajos, nunca olvidé mis amigos de la infancia. De vez en cuando volvía atrás, en mi mente, y les imaginaba. Y me preguntaba, ¿que habrá sido de sus vidas? ¿Habrán algunos pasado por situaciones similares a las mías? ¿Estarán todos vivos, donde vivirán? Pensé principalmente acerca de Dominicana y los otros 10 'Fosforitos'. ¿Qué estarán haciendo? ¿Vivirán algunos de ellos todavía en Cabrera?

Pero eran pensamientos ocasionales, y sin profundidad. Mi vida estaba llena de mis propias luchas y experiencias. Estaba muy ocupada y emocionalmente inestable, tomando decisiones equivocadas unas tras otras, y aprendiendo y creciendo muy lentamente.

Muchos años más tarde (creo que ya estaba residiendo en Nueva York), descubrí que Dominicana me había estado buscando. Recuerda, cuando salí de Cabrera no le dije adiós a nadie, ni siquiera a ella. El hecho de dejar Cabrera fue una sorpresa mara mi también. Me preguntaba lo que todos pensaron cuando se enteraron de que yo no estaba. Nadie sabía dónde fui. Alba probablemente sólo les dijo que me fui a vivir con mi propia familia. Hasta ese momento, yo creo que todos pensaban que yo era familia de Alba o de su marido. Así que mi desaparición fue un misterio para ellos.

Tenía 28 o 30 años de edad cuando me fue posible conectar con Dominicana y Maritza Martínez. Para entonces, ya yo había escapado con un hombre (el padre de Nelson) y me case con otro hombre (el que me ayudó a venir a los Estados Unidos, el padre de Julio), y me había divorciado de él. (Muchas cosas, en realidad).

Maritza vivía en Queens, Nueva York, y Dominicana vivía en Santo Domingo, República Dominicana. Maritza estaba casada y tenía una hija. Volvimos a conectar de nuevo, e incluso compartimos un apartamento (para yo ahorrar dinero) para poder mantener mis hijos. Más tarde, Maritza se trasladó a otro estado y perdimos el contacto una vez más.

Dominicana también estaba casada. Durante uno de mis viajes a la República Dominicana, Dominicana me ayudo a conectar con Migdalia, otra querida amiga de la infancia. Fue realmente bueno verla. Siempre la he querido mucho. A veces, cuando visitaba la República Dominicana, mi amiga invitaba a Migdalia y las tres, o debería decir, ellas dos (mi reputación como mal cocinera es bien conocida), preparaban algunas comidas deliciosas que todos disfrutábamos con deleite. Otras veces, salíamos a comer pero siempre fue una ocasión feliz para mí reunirme con ellas.

Aún así, fue principalmente Dominicana con quien me mantuve más en contacto y le visitaba con más frecuencia. Cuando mis hijos estaban con mamá en la República Dominicana y les visitaba, yo siempre trataba de sacar tiempo para ver mi amada amiga. Y en algunas de esas ocasiones hablábamos de nuestros amigos de la infancia. ¿Donde estaban? Ella sabía de algunos, pero perdió contacto con los demás. (Sin yo saberlo, algunos de ellos también Vivian en los Estados Unidos.)

También hablamos de Cabrera. Yo le decía a Dominicana que quería (una vez que mis hijos fueran adultos e independientes), volver a Cabrera, para construir una pequeña casa en las afueras, y vivir allí en paz, con la cría de pollos y sembrando mis propias verduras. En otras palabras, quería volver a mis raíces. En esas ocasiones, ella me decía: "Doris, es que está viviendo en un sueño, nuestra Cabrera no es lo que solía ser cuando éramos niños. Ha cambiado tanto, las personas no son las mismas, demasiadas calles, demasiadas tiendas, demasiado de todo". Sin embargo, me quedé con mi ideal de Cabrera. Yo quería volver, algún día. Hablamos también de todos y cada uno de nuestros mejores amigos de la infancia, los 'Fosforitos' (tratando de imaginar sus vidas).

Bueno, pasaron los años. Y mis hijos ya eran hombres jóvenes, inteligentes, guapos y buenas personas (esto es una opinión de madre). Yo estaba trabajando, volví a la Universidad a terminar mis estudios, estaba en un lugar bueno, emocionalmente. En mi último trabajo, conocí y me casé con un buen hombre, Richard. Lo admiro y lo respeto porque es un hijo tan bueno con su anciana madre. Su madre y yo nos hemos convertido en buenas amigas. A veces me olvido de que ella es mi suegra, porque no hay tensión entre las dos, somos amigas de verdad. Ella me dijo un día, 'Tu eres la hija de mi corazón". Ahhh eso me gusto mucho. Richard es un padre increíblemente bueno con su hija Karen. Este fue el segundo matrimonio para ambos. En principio, nuestra relación de recién casados fue un poco rocosa, pero se sobrepasaron las tormentosas aguas, y todo volvió a un tranquilo caudal...

Durante una de mis conversaciones con mi querida amiga Dominicana, me dijo que se había encontrado, por casualidad, a una de nuestras queridas amigas, Maritza Santos, en una funeraria. Yo estaba muy feliz. Le pregunte si podía darme su número de teléfono. Le llame el mismo día y ella estaba tan excitada como yo cuando hablamos. Parecía la misma niña dulce que yo deje de ver hacia más de 54 años. Ella vivía en el momento en Puerto Plata. Me dijo que ella había vivido en Nueva York por más de 40 años y ahora se había retirado a vivir cerca de sus hijos. Le prometí que cuando visitara la República Dominicana, iría a verla.

En el verano de 2016, viajé con mi hermana Felicia y su marido (mi querido cuñado) Fernando a Santo Domingo. Ellos estaban construyendo un apartamento en la capital. Mi cuñado me dijo que no me preocupara, que él me llevaría a Puerto Plata a ver mi amiga. Alquilamos un coche y fuimos allí. Maritza nos esperaba en la entrada de la ciudad; quería asegurarse de que no nos perdiéramos.

Cuando nos vimos, era simplemente hermoso. Ella fue tan acogedora, dulce y generosa con nosotros. No había cambiado; ella tenía la misma personalidad dulce y cariñosa. Nos llevó a su casa, una hermosa casa, en Puerto Plata y nos dio galletas hechas en casa. Estas galletas eran para su hijo, que viajaba ese día a Nueva York, pero el las había olvidado (por lo que con mucho gusto las disfrute). Entonces ella nos llevó a dar un paseo por la ciudad. El antiguo barrio de la época Victoriana. Este lugar mantiene todas estas maravillosas estructuras antiguas, que nos pareció muy interesante. Ella también nos llevó a una panadería que hace un pan delicioso. Me olvidé de decir que en este viaje me entere que mi buena amiga es parte judía. (Su abuelo es judío). Por último, fuimos a un restaurante y disfrutamos un buen almuerzo. Hablamos y hablamos, y después de darnos unos cuantos más abrazos, nos comprometimos a mantenernos en contacto siempre. Nos prometimos un día reunirnos en Cabrera, solamente ella, Domi y yo, pues no creíamos posible lo que sucedería luego, y sentarnos en el parque y hablar y hablar y hacer preguntas a las personas maduritas como nosotras, para que nos hablaran de nuestro Cabrera. (Ahhh lo que nos tenía preparado el destino).

Ella me dijo que había algunos amigos que residen en Nueva York. Una de estas chicas era Charo Ramón. Trataría de buscarla en Facebook, bajo el nombre de Ana Ramón (que era su nombre real). Yo siempre la conocí como Charo. También me habló de nuestra amiga Loa. También la buscaría por el mismo medio, bajo su nombre real, Dinora Eusebio. Sabes, cuando estábamos creciendo muchos sólo nos conocíamos por nuestros apodos. Pero ahora de adultos, usaban sus nombres correctos. Dominicana también me dijo que había oído de Zoila, quien también residía en Nueva York. Me regrese de la República Dominicana con este tesoro de información. Yo iba a encontrarlos. Era el momento de volver a conectar.

Logre localizar a Charo, Loa y Zoila en Facebook. Envié invitaciones de amigos. Charo respondió, pero no parecía tan excitada como yo. La invité a tomar una taza de café, Hm, de nuevo con no demasiado entusiasmo por parte de ella. No insistí durante un tiempo. Zoila no ha respondido a mi invitación en FB. Probé Loa, pero no pude localizarla. Me he decepcionado un poco, pero no me rindo.

Un día fui a visitar a mi querida Alba Rosa. Ella es una de los hijos de Alba. (Recuerden, Alba es mi madrina y la que me crió). Cuando salí de la casa de Alba, sólo había 3 chicos. Después de eso, ella tuvo 2 chicas más.

Ya de adultos, nos hemos reconectados y yo siento verdadero cariño por todos ellos. Mis medias hermanas son mujeres fuertes, amantes hijas y esposas y madres. Yo les respeto y admiro. También he vuelto a conectar con Alba, ya que tengo verdaderos sentimientos por ella. Ella es diferente, también. La vida y el tiempo se encargan de hacernos valorar unos a otros.

Le expliqué a Alba Rosa de mi búsqueda de mis amigos de la infancia, y mi frustración al no encontrarles. Ella me dijo que llamara a Amparo. Amparo es una gran persona, una gran luchadora y buena mujer de Cabrera, quien siempre ha estado muy cerca de la familia de mi madrina. Le conocí hace unos años atrás, a ella y sus lindas hermanas, y siempre le he tenido mucho cariño. Hay veces que vamos con Alba a su casa a jugar Bingo.

Amparo siempre cocina deliciosa comida para nosotros. Así que la llamé y me dio tanta información. Ella me dijo que nuestro querido profesor Cuchito (desde el nivel 6to y 8vo) también vivía en Brooklyn. Ella también me dio el número de teléfono de Loa y me dijo que Marina estaba viviendo aquí. Marina es otra buena amiga de Cabrera. Ella no es parte de los 'Fosforitos' pero es una mujer increíble, una gran y sincera persona y uno de los muchos amigos que continúan - desde su país adoptado, NY- su ayuda por Cabrera y su gente. Ella es la hija de Filla, ¿Le recuerdas? Filla era en Cabrera, la enfermera, partera y la consejera (una amiga para todos).

Cuando llamé a Loa, fue como magia. (Loa era la chica dulce y tímida que Dominicana y yo escribiéramos la carta de amor romántico "falsa" durante nuestro último año escolar). Ella es aún muy dulce y encantadora. Fue una conversación tan maravillosa, las dos parecíamos igualmente feliz. Ella me dio el número de teléfono para llamar a Cuchito, nuestro viejo profesor. Sucede que se había casado con la hermana de Loa, Adela. También descubrí que en realidad estamos relacionadas como familia. Compartimos el apellido Eusebio, por parte de mi madre. Estoy muy feliz de llamarla mi 'prima'.

El mismo día llamé a Cuchito y cuando contestó el teléfono, su voz era joven y fuerte, fue increíble. Yo estaba esperando escuchar la voz de un hombre muy viejo y débil. Pero no, él sonaba joven. Le dije quién era yo y se recordó de inmediato, incluyendo mi apodo. Me llamaban 'meneíto' porque yo solía caminar tan rápido todo el tiempo que mi falda bailaba, de lado a lado. Por lo tanto, me decían 'pequeño movimiento'. Decidí allí mismo que tenía que pasar a verle a él, Adela y sus hijos. Tienen 8 hijos adultos y 17 nietos.

Le dije Dominicana de esta gran noticia y ella estaba tan feliz que quería verlo también. Cuando me quejé de no ser capaz de ver, o conseguir que Zoila y Charo me respondieran a mi invitación de FB, Dominicana se comprometió a obtener el número de teléfono de Zoila para mí. Llamó a su hermano, Arnaldo. Al fin pude hablar con Zoila. Ella me respondió my alegre y también reconoció mi voz, ahh después de tantos años. Le explique sobre mis planes de ir a visitar a nuestro querido profesor Cuchito. Ella me dijo: "Doris, tenemos que preparar algo grande, tenemos que vernos todos los 'Fosforitos' que residen aquí en Nueva York".

Zoila es una mujer muy capaz e ingeniosa. Ella comenzó la planificación, mediante la creación de un Chat en WhatsApp, donde nos sería posible conectar con los demás y compartir nuestros planes e ideas. Esta era una manera buena para conectar tanto con los que viven aquí y los que están en la República Dominicana. Volví a Facebook y expliqué a Charo acerca de nuestros planes. Esta vez, ella se mostró muy receptiva. Y así empezó.

Y ahí empezó nuestra maravillosa 'locura' diaria. Ya para ese fin de semana teníamos a Loa, Charo, Zoila y Doris en Nueva York y Dominicana, Maritza Santos, Migdalia, Arnaldo, Rey, Tato, y Sergio en la República Dominicana, todos felices y con deseos de que nuestro plan funcionara. Todos los días se discutían planes, constantes planes. Más tarde, uno de los hijos del Prof. Cuchito, Tony, se unió a nuestro Chat. Le localizamos a través de nuestro querido Arnaldo. El, al igual que su Hermana Zoila, eran incansables en su afán de formalizar nuestra visita donde Cuchito. Por medio de Tony obtuvimos información importante que necesitábamos para nuestros planes, pues sería una visita sorpresa, y era necesaria una conexión con su familia. Todos estábamos a bordo.

Cada día, comenzando a las 6:00 de la mañana, una de las chicas (todavía les llamo chicas, a pesar de que todos somos de la tercera edad). Cada día, por lo general Charo, comienza nuestra charla diaria. Enviándonos mensajes de amor y oraciones que motivan y alimentan el alma, y hablar, hablar de nosotros, de nuestra historia en común, de nuestras vidas en Cabrera y después de Cabrera. Por lo general, a esta hora yo estaba todavía en la cama, pero Charo y Loa y Maritza Santos están tempranito en el chat. Estamos muy agradecidos por esta nueva tecnología que nos permite disfrutar de esta cercanía impresionante y maravillosa. (Lo más importante, es gratis). Estábamos planeando nuestra visita sorpresa al Prof. Cuchito para Octubre, pero decidimos cambiar a Noviembre con el fin de esperar a Arnaldo, que también quería ser parte de este evento feliz. Cada uno de nosotros tiene su propia especialidad. Maritza Santos nos envió los videos más sorprendentes, con varios temas: la vida, la filosofía, humor, amor, amistad, etc. Algunos de los otros también enviaron algunos tesoros de pensamientos, para hacernos sonreír o simplemente para inspirarnos. También enviaron muchos videos religiosos, políticos, y escénicos. Uno de los elementos principales, que todos compartían enviando, era el amor y las oraciones.

Al poco tiempo de crear nuestro Chat diario, recibimos la amorosa adición de algunos más de nuestros queridos amigos de la infancia, Yova, Nuris, y Asunción, y también algunos amigos varones, Arnaldo, Sergio, Tato y Rey, que son familiares de algunas de las chicas, y siempre han sido hermanos de todos. Tato, es un amigo muy especial, muy cerca de mi Corazón. Estos chicos en general, son y siempre han sido, muy especial para todos. Los cuatro son hombres leales, honestos y buenos. Son extremadamente generosos y solidarios.

Es tan maravilloso para mí que estos chicos y chicas, que no tienen relación de familia conmigo, son tan importantes en mi vida, y ocupan lugares especiales en mi Corazón. Que bendición poder llamarles 'Amigos de Siempre". Y repitiendo una expresión que dijo nuestro amado Tato, "hermanos hasta el último suspiro".

Estábamos emocionados todos de que Arnaldo y Dona Vida vendrán a participar de nuestra visita sorpresa al Profesor. Le pedimos que nos traigan algunas de esas delicias dominicanas, como Ron Brugal, dulces de coco y leche y dulce de batata y coco.

Durante nuestras conversaciones, todos nosotros, los chicos y chicas, compartimos nuestros recuerdos, nuestras historias, nuestro amor por cada uno, y la promesa, una promesa muy sincera, de mantenernos unidos por siempre, - estar ahí, el uno para el otro. El aporte masculino a nuestro Chat diario, ha sido muy importante. Ellos parecen recordar muchas cosas que las chicas habían olvidado. Hablamos de música, sobre las viejas canciones de nuestro tiempo. A veces oramos juntos, ya que la mayoría de nosotros somos muy religiosos.

Nos damos abrazos electrónicos y apoyo. Durante el mes de Noviembre, el día antes de nuestra reunión con el profesor Cuchito, la tía de Maritza Santos falleció. Todos estábamos allí para ella, con nuestros mensajes de apoyo y amor. También durante este mes de Noviembre, las lluvias torrenciales afectaron nuestra Cabrera, así como Puerto Plata. Ríos se desbordaron y casas y carreteras en los barrios pobres y cerca de los ríos fueron destruidos. No hubo pérdida de vidas humanas, pero la pérdida de granjas y cultivos han tenido efectos de larga duración en las vidas de los residentes. La familia de nuestra querida Loa fue una de estas familias afectadas.

En momentos como estos, los hombres que he mencionado antes, Arnaldo, Tato, Sergio y Rey entraron en acción, ayudando a reconstruir casas y ofrecer otras formas de ayuda inmediata a esta pobre gente. También se encargaron de mantenernos informados.

Hemos fijado el 17 de Noviembre de 2016, para nuestra visita sorpresa a nuestro ex-profesor. Zoila, nuestra principal organizadora, preparó una bandera, una placa y flores para él y para su esposa Adela. Yo diseñé corazones de papel rojo con letras blancas y decoraciones, en representación de cada uno de los Fosforitos. Como se recuerda, este es el nombre con el que algunos de nosotros éramos identificados cariñosamente, cuando dejamos Cabrera. Nuestras amigas Dominicana, Maritza Santos y Migdalia querían muchísimo estar aquí con nosotros, pero por diferentes razones, no pudieron viajar. Por lo tanto, se planificó para representarlas con un corazón rojo y una carta que cada una de ellas había enviado, a través del chat, para ser entregadas a nuestro ex profesor

Hemos preparado algo de comida para llevar a Cuchito. Loa estaba a cargo de preparar que el Profesor Cuchito y su esposa estuviesen listos para nosotros, sin que ellos sospecharan todos los detalles. Pero por miedo a una gran emoción por parte de nuestro amado profesor, era necesario decirles algo, ya que no queremos simplemente saltar sobre él porque es un viejito ya. Adela le dijo que una o dos personas de Cabrera estaban de visita.

El día de la sorpresa tome un taxi desde mi casa. Yo llevaba demasiados paquetes. Yo llevaba comida, unos regalos hechos a mano, que he realizado para cada uno de mis amigos y para los hijos de Cuchito, los corazones rojos y otros objetos pequeños. También hice algunas cositas especiales con la imagen de un corazón en cada uno, con un verso que había leído una vez. Se lee: *Una amistad no necesita la persona estar presente con el fin de ser mantenida y cultivada, esta amistad se mantiene por la magia de saber que aunque estemos físicamente distantes, siempre están presentes en nuestros corazones.*

Se puede imaginar la emoción. No nos habíamos visto entre sí o con nuestro ex-profesor por más de 54 años. Yo fui la primera en llegar y esperé en el vestíbulo, tal como se acordó. Yo estaba de pie allí con mi acelerado corazón en el pecho, y mirando a cada mujer que pasaba, a ver si era una de ellas. ¿Sería capaz de reconocer alguna de ellas?

La primera que vi llegar fue Loa, se suponía que debía estar arriba con ellos, pero se le hizo tarde, y llego mas luego que yo. Nos vimos y nos miramos profundamente, y nos dimos un largo y sincere abrazo. Ni siquiera se podía decir nada. Ella sigue siendo una de las personas más dulces y suaves que conozco. Esperamos juntas por los demás.

La siguiente en llegar fue Charo. Ahh, se ve muy bien y no ha cambiado su sonrisa brillante y disposición feliz. Otro recibimiento con mucha emoción. Recibimos una llamada telefónica de Zoila. Estaban en la estación de tren, esperando un taxi, porque Dona Vida (la madre de Zoila y Arnaldo) estaba allí con ellos. Estábamos tan felices de verle también. Ella es un poco mayor, pero muy fuerte y dulce y feliz de compartir esta ocasión con nosotros. Todos la queremos mucho y la admiramos y disfrutamos de tenerla aquí porque ella es una de las pocas madres restantes. Todos la amamos y la hemos adoptado como nuestra madre.

Mientras tanto, nosotras tres estábamos esperando, bajo Adela (esposa de Cuchito, la hermana de Loa y mi prima). Ella sabía que íbamos a estar allí. A última hora Loa le contó todo sobre el plan. Ella se acercó a nosotros, buscando con sus ojos grandes y una sonrisa en su rostro. Recuerda, no nos veía desde niñitas. Ella se acercó y me abrazó, y me dijo: "¿Doris, es esto verdad?" Ahh, todo era felicidad en su más puro sentir. Ella hizo lo mismo a Charo. Adela se veía muy bien; la edad no había cambiado mucho su apariencia física.

Ella bajó porque sabía que estábamos llevando comida y nos quería llevar al piso de arriba, a la nevera. Pero el problema era que Cuchito estaba arriba y no queríamos que nos viera hasta que llegaran los demás. Adela me dijo que fuera con ella y Loa, sólo para llevar la comida. Estaba segura de que no me reconocería. Me dio instrucciones de no mirarlo, lo cual era difícil. Sólo entra, pon la comida en la mesa y sales. Charo se quedó a esperar. Cuando llegamos a la puerta, se dio cuenta de que había olvidado las llaves, así que tuvimos que llamar al timbre. Se acercó a abrir la puerta, y como se me indico que no levante la vista, entre mirando hacia abajo, pase por su lado y puse la comida sobre la mesa. Loa le saludo, y luego procedió a salir. Ella me dijo: "Ven Juanita, vamos a bajar". Lo vi desde la rabiza de mi ojo. Fue difícil ignorarle. Estaba mirándonos sorprendido; quien seria esa extraña mujer que vino con Loa, que ni siquiera saludaba. Eso es lo que me conto más adelante.

Ahora, de nuevo en el vestíbulo, esperando para ver llegar nuestra querida Zoila, Arnaldo y Dona Vida. Cuando llegaron, todo fue un poco loco. Recuerde, que habían transcurrido tantos años sin saber nada de uno y otro. Todos queríamos abrazar a Dona Vida. Ella es una señora dulce, siempre lo ha sido, y nos trata a todos con la misma sonrisa que nos recuerda a nuestras propias madres. ¿Cómo es posible que nuestros sentimientos por el otro se mantuvo a través de los años? Sí, nuestros sentimientos por cada uno estuvieron en letargo por muchos, muchos años, pero se habían despertado con el mismo sentir de cuando éramos niños, quizás más intenso. Ahora ya de adultos podemos valorar más los unos a los otros.

El grupo se reunió, se les dio órdenes de cómo hacer nuestra entrada. Cada uno de nosotros estaba sosteniendo un corazón rojo grande, hecho de cartón, con un sentimiento escrito en cada uno. Estábamos todos hablando al mismo tiempo, nuestro profesor no sabía a quién mirar primero, quien era quien. Cada uno se paraba en frente, y le preguntaba "¿Me recuerdas, me recuerdas?" y él sólo miraba sin decir nada. El estaba muy, muy emocionado. Le abrazamos y le hicimos sentarse. Era demasiada emoción; era evidente que estaba abrumado. Empezamos a hablar todos entre sí, y con la familia. Estaban tan amorosos y agradecidos de que estábamos allí por su padre. Tenían deliciosa comida, bebidas y dulces para nosotros. También las delicias que trajo Arnaldo. Todos bebieron y bailaron tanto. Y todos nos turnamos bailando 'merengue' con nuestro profesor Cuchito. Alrededor de las 5:30 de la tarde, Marina llegó. La habíamos invitado, como a todos nos gusta ella y queríamos verla, también. Ella es la misma, una mujer amorosa. Ella trajo deliciosos dulces hechos por ella, de leche y pasas. Me senté a su lado y hablamos un poco, pero era imposible permanecer en una conversación, ya que todo el mundo quería un pedazo de uno al otro. Alrededor de las 7:00 pm, empezamos a prepararnos para salir. Sabíamos que nuestro Prof. estaba cansado. Nos marchamos con la promesa de volver. Necesitábamos volver solo para verle en un ambiente más calmado.

Tras el encuentro con el profesor Cuchito, pensamos que nuestro chat, nuestra conversación de todos los días, iba a terminar. Ni siquiera cerca. Han pasado los años, y todavía seguimos fieles a nuestros hermanos. Que Dios permita que sea para siempre. Es una bendición levantarnos cada mañana y lo primero que encontramos es nuestra página llena de amor, oraciones, textos con temas sociales, políticos, y chistes, canciones, y otras tantas cosas que alegran el espíritu. Cada día hay alguien o algún familiar pasando por una situación, podría ser triste o feliz, pero estamos compartiendo sus respectivas vidas, lo que sea. Nuestros hermanos Chevalier y Emerida también se unieron a nuestro chat, y aportan su cariño sincero e importante y tiernos textos, y chistes.

Nos encontramos con que uno de los nuestros 'Fosforitos', Maritza Martínez, está pasando por algunos problemas de salud y por el momento no le será posible unirse a nosotros en nuestro chat diario. Pero hemos hablado con ella y la motivamos. A ella le encanto escuchar acerca de nuestro reencuentro y cómo estamos reviviendo nuestra amistad y amor por los demás. Estamos con la esperanza de que pronto mejore y se pueda integrar a nuestro amado grupo.

El 25 de noviembre de 2016, uno de los grandes hombres del siglo 20, Fidel Castro, murió. Esta mañana uno de nuestros queridos amigos, Arnaldo, tomó una foto de la noticia y lo publicó en nuestro chat diario. Cuando lo leí, me detuve por un momento para ver si alguno de los otros amigos iba a comentar.

Recuerde, nosotros somos hermanos. Pero solo nos conocemos de niños. Estamos unidos por ese amor de la niñez, pero nos falta conocernos como adultos. Estamos empezando a conocernos ahora, por medio de la comunicación diaria. Por lo tanto, yo no sabía sus ideales o preferencias políticas o sociales. Nadie ha comentado, así que decidí darle una oportunidad. Teníamos que ser honestos con nosotros mismos. Tenía que ser honesta y expresar mis verdaderos sentimientos acerca de este gran hombre. Yo pensé que mis amigos, aunque no fueran de la misma opinión que yo, por lo menos serian respetuosos de la misma.

Tome un chance y escribí: *acabo de leer acerca de una gran pérdida. Admiraba y respetaba sus ideales originales: tomar un poco de los que tenían mucho, y distribuir entre los pobres, que no tenían nada. Para proporcionar educación gratuita y atención médica para todos. El pueblo cubano, el estilo de vida y la infraestructura sufrieron, pero no fue su culpa. Fue culpa del embargo y la falsa propaganda de los Estados Unidos. Sin darse cuenta de que el castigo no era a Castro, sino para el pueblo cubano. O tal vez se dieron cuenta de ello, pero no les importaba.*

Bueno, he publicado y esperé. Estaba un poco preocupada. No quería ofender a ninguna de las sensibilidades de mis amigos. Mi querida amiga Maritza Santos fue la primero en responder. Su respuesta era justo lo que estaba esperando. *"Cuba no sufrió por la política de Fidel Castro, sino por el bloqueo económico de los Estados Unidos. Y aun así, sobrevivieron ".*

Esto fue seguido por los comentarios de Arnaldo, Sergio y Charo. Sus respuestas eran tan similares a la mía y Maritza. Me gustó mucho sus comentarios: *Dos de los más grandes hombres del siglo 20, Fidel y Mandela. "Eran dos hombres para aprender y para imitar".* Fue pura alegría de leer esto de mis queridos amigos. Estoy tan orgullosa de ellos.

Es una fuente de felicidad para mí tenerlos en mi vida de nuevo. Y la belleza de esto es que el sentimiento es mutuo. Seguimos repitiendo la misma línea - Nunca te he olvidado y que siempre quisimos encontrarte. En verdad, un increíble grupo de amigos/hermanos.

Como he dicho antes, cada mañana, la primera para iniciar la conversación es Charo. Ella se levanta muy temprano. Por lo general, antes de las 5:00 a.m., ya está escribiendo y enviándonos buenos deseos y oraciones y bendiciones. Y ella suele ser la última en decir buenas noches. Yo no les digo a mis hermanos, pero antes de ir a la cama, le baja el volumen a mi teléfono celular. Necesito mi sueño de belleza. Maritza o Loa siguen a Charo; todas ellas son madrugadoras. Se acuestan tarde y se levantan temprano. A mí me dicen 'la gallina". Me acuesto temprano y me levanto tarde.

Nuestras vidas han cambiado favorablemente después de nuestro reencuentro. Nos brindamos consuelo y apoyo incondicional. Somos hermanos y hermanas. Estamos tan contentos creo, porque compartir y revivir las experiencias más dulces y tiernas de nuestra niñez, es algo maravilloso en esta etapa de nuestras vidas. Nuestros años de adolescencia, nuestras travesuras de la infancia, nuestros amores y secretos; aquellos días en que la única preocupación era ocultarse detrás de un árbol para leer una novelita romántica, o para montar a caballo, o para fumar un cigarrillo, tal vez.

Uno de nuestros pasatiempos favoritos es recordar los nombres de las canciones viejas de nuestros tiempos. Por ejemplo: Nicolás Di Bari/Guitarra suena más bajo, Dyango/Si la vieras con mis ojos, Agustín Lara/Noche de Ronda y Marco Antonio Solís/Dónde estará mi primavera.

Sergio y Dominicana son los poetas del grupo. Se acuerdan de la mayoría de las canciones más emotivas. Sus selecciones de canciones nos remontan a esos tiempos. Pero Maritza y Charo y Loa también tienen un repertorio inmenso de canciones hermosas, románticas. Sergio nos envió fotos de su hermosa esposa e hijos. Con suerte, vamos a conocerles en nuestro encuentro cuando viajamos a DR.

Nuestro próximo encuentro estaba previsto para Julio de 2017. Quisimos venir en Octubre, sólo para mantenernos lejos del calor, pero nuestros amigos insistieron que viniéramos esta vez en Julio. Este es el mes que se celebran los "Cabrereños Ausentes". Este evento se celebra cada año en Cabrera, para celebrar las personas que han nacido o se han criado en Cabrera, pero debido a circunstancias, se han alejado. Este evento se celebra desde hace más de 40 años. La mayoría de los que se han ido, regresan fielmente cada año a celebrar este día de su pueblo amado, que se celebra la última semana del mes de Julio.

Los chicos, Arnaldo, Tato, Sergio y Rey, junto con Migdalia, Dominicana, Maritza Santos, Nuris, Yova y Asunción, están planeando para recibirnos. Ellos hicieron algunos planes para nosotros, con el objetivo principal de hacernos sentir cómodos y felices. Nosotros llegaremos a la Capital, aquí residen nuestros amigos. Luego continuaremos hacia Cabrera. Este viaje es de aproximadamente 3 horas de distancia. Nos gustaría ir a todos los lugares que solíamos visitar de niños (ríos, playas, parques, etc.)

Este evento ha sido rigurosamente preparado, programado, por nuestros amigos. Tenían que encontrar una casa grande que se acomode a todos nosotros, ya que queremos estar juntos. Estamos planeando una noche hacer un cerdo asado en la playa, comer y beber y permanecer allí para esperar la salida del sol. Charo sugirió cocinar al aire libre, en un fogón compuesto de 3 rocas grande. Queremos comer la comida que nuestros padres solían hacer para nosotros.

También nos gustaría ir a la casita de Dominicana en una colina en Catalina. Esta casita es preciosa, rodeada de flores y árboles frutales y todo tipo de animales y una vista maravillosa. Aquí se siente una constante brisa que te invita a quedarte para siempre.

La conversación diaria y soñando con el día de este evento, nos mantienen a todos en un estado de felicidad constante. Todos tenemos el sueño de revivir nuestra infancia y años mozos, que se fueron hace tanto tiempo. Nuestros amigos tienen tantos planes para nosotros. Pero estos planes son mantenidos en el más estricto secreto. No sabremos nada hasta que estemos todos allí.

En ocasiones, una de las chicas está ausente de nuestro chat durante un día entero. Eso no es raro por parte de algunas de las chicas o chicos, pero para algunos es poco común. Así que si uno de nosotros se mantiene alejado durante un día entero, los demás nos preocupamos y empezamos a indagar. Estamos acostumbrados a escuchar el uno del otro cada día. Algunas de las chicas y chicos en RD a veces se mantienen alejados y nosotros esperamos pacientemente. Pero si es más de un día, empezamos a la preguntar: ¿Dónde está este o el otro?, no hemos sabido nada de ella o de él. Y así sucesivamente, siempre hay vigilia. Nuestros amigos varones no están presentes diariamente, pero cuando se unen nos proporcionan mucha alegría. Ellos traen diferentes tópicos de conversación. Por ejemplo nos mantienen informados de acontecimientos políticos, sociales y de datos interesantes para la salud y nuestras familias.

El tener más amigos de la infancia unirse a nuestro Chat, ha traído mas amor y alegría para todos. Estos amigos de mi niñez no les habían tratado mucho, como a los compañeros de escuela, pero eran o son parte integral de mi vida. No había tenido contacto con ellos, por ninguna razón, simplemente, geografía y la misma vida.. Uno de esos amigos es Leandro. A él le conocí hace muchos años cuando estaba casado con Ramonita y Vivian aquí en NY. Ahora el vive en RD pero no es parte de nuestro diario Chat.

Un día, Charo nos dijo que estaba triste. Ella conducía su coche y tuvo un pequeño accidente. Ella no se lastimo, pero el coche si quedó en mal estado.

No le decimos a ella, pero estamos contentos que ya no conduce su carro. Todo lo que podemos hacer es ofrecerle nuestro amor y apoyo incondicional. Ella es muy sensible, con un gran corazón y amor. Le amamos como una hermana, y respetamos su privacidad.

Como ella es usualmente la primera en entrar en nuestro chat en la mayoría de los días, nos preocupamos por ella cuando no la sentimos. Pero esperamos un poco, tratamos de respetar su espacio, como lo hacemos con todos.

Continuamos nuestros planes para nuestra visita en grupo a Cabrera.

Finalmente decidimos el 26 de julio para nuestro viaje a Cabrera, República Dominicana. Informamos a nuestros amigos, de modo que pudieran continuar con sus planes para recibirnos. Yo decidí viajar el domingo 23 de julio, ya que quería estar allí un par de días antes de nuestra reunión, para tener algo de tiempo libre y especial con mi querida amiga Dominicana. Zoila viajaría el Lunes, 24 de de Julio, y Loa y Charo viajarían el Martes 25 de julio.

Antes de ese anticipado día, algunos de nosotros (me incluyo), pasamos por algunos momentos o días de miedo o tribulaciones. Estábamos tan, tan asustados de que nuestros planes se vieran afectados, y que no pudiéramos viajar como teníamos previsto. Aproximadamente 10 días antes del día de mi partida, mi querida suegra se cayó y se rompió la cadera. Eso sí, ella es una mujer de 94 años que pesa sólo 84 libras, pero es muy fuerte. Pues bien, en el hospital, los médicos realizaron la cirugía y su pierna comenzó el proceso de curación, pero era demasiado para su débil cuerpecito. Durante dos o tres días, no podía comer ni abrir los ojos. A veces ella estaba alucinando. Teníamos tanto miedo que la íbamos a perder. (Dios, por favor no deje que esto ocurra). *Por ella, por mí.* Nuestro Dios me escucho. Mamá empezó a comer de nuevo, lo cual no fue una tarea fácil para ella, ya que sufre de algo muy triste. Su esófago se ha encogido, esta estrecho, lo cual le causa mucha molestia e inconveniencia cuando trata de tragar. Sin embargo, ella es una guerrera. Solo 3 días antes de mi salida prevista, ella fue trasladada a un centro de rehabilitación, para recuperar su fuerza física y su capacidad pulmonar. Me fui con el corazón encogido. Me dio pena dejar a Richard solo. Pero le agradecí que el mismo me animo a continuar con mis planes. "Ve y disfruta," me dijo. Durante nuestra estadía en el hospital, nuestra querida Karen (hija de Richard), vino a ayudarnos. Ella vino con su marido, Paul y con nuestros nietos Noah y Lila, sus hijos. Tener Karen con nosotros fue una bendición. Ella nos ayudó mucho, tanto física como emocionalmente.

"Ve y disfruta", también me dijo ella.

Loa estaba pasando por una situación similar. Su hermana Adela (esposa del profesor Cuchito), estaba muy delicada y en el hospital con problemas del corazón. Loa no nos dijo nada hasta después de que Adela llegó a casa. Ella también tenía tanto miedo de que nuestros planes se alteraran. Charo tuvo un incidente en el que fue de compras y dejó su bolso en el mostrador. Ella perdió dinero y documentos importantes. Ahhhh, pero al fin, se logro nuestro objetivo. Viajar.

! AQUÍ VENGO!!!!! Domingo, 7/23/2017.

Cuando llegué, Leo, un muy querido amigo de mi familia, me recogió en el aeropuerto y me llevó donde Dominicana. Nuestro encuentro fue muy emotivo. Al día siguiente llegó Zoila, pero se fue donde su familia por ese día. El martes, día 25, le pedí a mi amigo Leo que fuera al aeropuerto a buscar mis amigas, Loa y Charo. Le di una foto de ellas a Leo para que las conociera en el aeropuerto.

Dominicana y yo estábamos tan emocionadas mientras nos preparábamos para recibirlas. Rosi, una muy buena mujer que viene durante la semana para ayudar a mi amiga y hacerle compañía, nos ayudó a preparar un delicioso sancocho para la cena. Cuando llegaron Loa y Charo, hubo más lágrimas de alegría. Charo se puso a llorar, era demasiada emoción para ella. Hacía mucho tiempo desde la última vez que visitó su país de origen. Antes de empezar nuestra cena, llegaron Zoila, Arnaldo y Tato. Ahhh cuanta alegría, cuantos abrazos. Fue una locura total. Éramos niños felices. Es difícil imaginarlo, tanta emoción, tanto amor. Hermanos del Corazón. Eso es sagrado.

Esa noche, comenzó oficialmente la fiesta. Disfrutamos del delicioso sancocho, tomamos tercias y otras cosas, y hasta bailaron, (algunos). Hablamos y reímos hasta altas horas de la noche. De vez en cuando, uno de nosotros se levantaba, se acercaba al otro y simplemente le abrazaba, sin palabras.

Alrededor de las 11:00 de la noche, se decidió que los chicos deben ir a sus hogares, y a dormir. Zoila y yo compartimos una cama. Charo fue a la sala de estar y se quedó dormida en un sofá cómodo. Loa fue a su habitación y esperó a Charo, pero nunca llegó Charo. Ella decidió quedarse en el sofá. Hemos preparado nuestros relojes de alarma para despertar a las 5:00 AM.

A las 6:00 am, miércoles, Arnaldo y Leandro llegaron. Ellos, en sus carros y el carro de Domy, serian los conductores para nuestro traslado a Cabrera. Se decidió que yo viajaría en el carro con Domy y Zoila. Fue un viaje feliz. Hablamos y cantamos. Hablamos de relaciones, hombres, y la vida en general.

El viaje de 3 horas parecía que sólo fue 1 hora. Estábamos disfrutando el olor dulce y la sensación del aire puro de las montañas. Yo me deleitaba de esa grandiosa vegetación, los campos verdes, los sembrados de arroz que no tienen límites. Las montañas altas y verdes y las nubes voluminosas y ondulantes. Tomé tantas fotos, mi cámara parecía automática, solo click, click. Quería capturar cada pequeña cosa, las vacas y caballos que caminan libremente en las granjas, o las fincas. El hombre en el burro llevando sus plátanos verdes y las batatas dulces y aguacates, o el ganadero talando con su machete la yerba seca para preparar la tierra para la nueva cosecha.

Frente a mis ojos tenía tanto espacio, campos con verde y frondosa vegetación a ambos lados de la carretera. Incluso las montañas tenían colores. Donde el hombre había cortado a través de las montañas para construir carreteras, se podía ver el corazón de las montañas, en rojo, púrpura y naranja, que eran simplemente hermosos. Con mi cámara, yo quería capturarlo todo, todo.

Durante todo el viaje, tratamos de permanecer cerca. Cada vez que un coche se detuvo, los demás hicieron lo mismo. Queríamos parar en el camino y comprar comida que habíamos disfrutado en nuestra infancia (principalmente, chicharrón, frituras, batatas, dulces, yuca hervida y aguacate). Encontramos muchos de los mismos alimentos que solíamos comprar y comer en nuestra juventud y niñez. Comíamos con el estomago y el corazón.

Lo único que ha cambiado mucho es la construcción de las carreteras. Casi todas las carreteras son modernas, con cabinas de peaje. Carreteras más anchas de varios carriles, con aparatos de alerta, y luces. El alto precio de los peajes refleja los costos de modernización. Pero teníamos instrucciones de no comprar ningún alimento, ya que se suponía que teníamos que llegar con hambre, porque Milo estaba haciendo un increíble desayuno para nosotros. Pero no fuimos obedientes, comimos de todo. Y además, algo que estaba permitido por nuestros anfitriones, tomar líquido. Pero no especificaron que tipo de liquido, me imagino ellos suponían agua. Por lo tanto, usamos nuestro propio criterio para determinar eso.

Cuando nos acercamos a la entrada de la Cabrera, todo parecía tan extraño. Seguimos haciéndonos preguntas como: "¿Y dónde estaba la casa donde crecí?" O "¿Dónde estaba esta o aquella tienda ubicada?" Ahora, donde anteriormente había una casa, ahora era una tienda o un bar o cualquier otra cosa, menos la casa. Mas importante aun, yo no podía localizar el local donde estaba la casa de Alba, donde yo me crie. En aquel entonces, había una pequeña finca de plátano junto a la casa, pero ahora es sólo una calle con diferentes casas o comercios. Tiendas modernas como: 'se arreglan celulares, se instalan plantas solares', etc.

Llegamos al parque, nuestro hermoso parque, que mantenía tantos recuerdos gratos e inocentes. A pesar de que el parque ha sido 'modernizado', ya no hay ni siquiera uno de mis lindos arboles de almendras, pero el hecho de estar ahí, se sentía algo profundo en mi corazón. Mi viejo parque, aún te llevo en mi corazón, no importa que te hayan cambiado el interior con modernos bancos y llamativas decoraciones, el sentimiento es el mismo. Se siente en el aire. Te miro a través del lente de mi memoria de ayer.

Pero la más drástica pérdida para mí personalmente, fue ver que no había ni siquiera un árbol de almendra. Este hecho me dió tristeza. Cuando llegamos, había una gran cantidad de gente esperando por nosotros. Fue un sentimiento increíble. Abrazando caras conocidas y desconocidas, simplemente abrazando y riendo. Todo el mundo quería dar la bienvenida a los 'Fosforitos.'

De repente vi algo que hacia anos no veía. Mis ojos se iluminaron pues en una esquina vi un vendedor de agua de coco nuevo. Ese fue mi mejor regalo. La generación más joven no nos conocen, o nosotros a ellos. Ellos preguntaban, ¿y quiénes son? Nuestros amigos explicaron: Son Cabrera, son una demostración de la verdadera amistad y el amor, porque estas personas se hicieron amigos hace más de 60 años, y siguen siendo amigos, amigos de verdad.

Desde el parque fuimos a casa de Milo y Luis. Muchas personas nos siguieron. Llegamos a El Bretón, donde nuestros hermanos Milo y Luis tienen una hermosa casa de campo. Aquí ellos esperaban por nosotros. Esta casa daba al mar y se encuentra en una pendiente, por lo que la brisa era siempre un placer. Nuestros amigos habían preparado tantas cosas para nuestro entretenimiento, con banderas, alfileres, camisetas, flores y decoraciones, todo con la intención de hacernos sentir como en casa y bien recibidos. El corazón se hincha de emoción.

Y realmente nos sentimos en casa. Recibidos con amor y tantos abrazos. Una mesa fue preparada con una variedad de alimentos, la comida más deliciosa y saludable de nuestra infancia. Hubo yuca, aguacates, huevos, plátanos, auyama, (calabaza), queso fresco que trajo nuestra hermana Maritza Santos, yautía y otros. También las bebidas caseras, hechas de frutas tropicales. Después de algún tiempo, logramos calmarnos y empezar a comer. Milo y Luis fueron unos anfitriones tan amables y generosos. Después del desayuno bailamos, intercambiamos historias y se comió un postre maravilloso; un arroz con leche preparado en la casa. Casero.

Estábamos sentados debajo de un árbol de almendra descomunal. Había una gran cantidad de almendras, que eran tan dulce, que empecé a comer unas cuantas, aunque mi estomago estaba repleto. Milo me trajo una bandeja con un montón de estas almendras y comí como 5 de ellas. Antes de comerlas tome fotos, para mantenerlas en mi mente. Esas almendras y el árbol están tan arraigados en mis recuerdos, que el consumo de ellos era un regalo emocional.

Cuando finalmente salimos de casa de Milo, fuimos a La Bomba, que es un bar familiar. Aquí continuamos bebiendo y bailando. Todo bajo la protección de nuestro anfitrión principal, Arnaldo, quien es también nuestro guía, amigo, hermano, compañero y todo bajo el sol. Él nos mantuvo en movimiento de un lugar a otro. Él estaba allí para nosotros desde la mañana hasta la noche. Él vive en la capital, con su esposa y sus hijos adultos.

Por unos días el tuvo que dejarnos y regresó el domingo, el mismo día en que algunos de nosotros también salimos de Cabrera de regreso a la capital. Nosotras agradecemos a sus familias que le permiten dejar sus hogares para ocuparse de nosotros. Nos quedamos muy agradecidos de estas generosas familias.

Finalmente fuimos a la casa donde estábamos quedándonos, para bañarnos y cambiarnos de ropa. Por la noche, fuimos a la casa de nuestra querida Nuris. Ella nos tenía una sorpresa: una fiesta con música en vivo y cena. Se había preparado una variedad de alimentos que ella sabia nos gustaba a todos.

Bailamos, o bailaron, y (supuestamente) había una competencia para ver qué pareja iba a ganar un premio como los mejores bailarines. Yo estaba petrificada. Si ves a mis amigos bailar, realmente te das cuenta de lo malo que bailo yo. (Ellos, mis amigos, hombres y mujeres, son todos fantásticos bailarines). Disfruté simplemente observándoles. Bueno, alguien me hizo bailar, pero solo una vez, creo yo. La paloma andaba alta. Yo solo bebía, lo que fuera, solo bebía, comía y hablaba con cualquiera. Después de la medianoche, se anunció que el concurso de baile fue un empate. Todos ellos ganaron. Fue sólo por diversión.

Después de medianoche, fuimos a nuestra habitación para dormir. Era una habitación muy grande con 2 camas. Esta habitación estaba ubicada en el tercer piso de una casa propiedad de la tía de Nuris, doña Iliria, una persona muy buena y generosa. Durante dos días consecutivos se aseguraba de darnos desayuno antes de que tomáramos la calle. Tanta generosidad. Nos daba desayuno y café. Aquí conocimos sus simpáticas y bellas hijas, y otros parientes.

Bueno, éramos cinco mujeres, así que tuvimos que con mucha táctica, diseñar un plan para dormir. Dos en una cama y tres en otra. Se decidió que Charo y Zoila compartirían una cama, mientras que Maritza, Loa y yo compartiríamos la otra cama más grande. No nos importaba, estábamos allí para divertirnos y amarnos. Y además, no necesitábamos dormir mucho, era tiempo perdido. Ni Maritza ni Loa le gustaba dormir en el medio, así que yo me ofrecí para dormir en el medio de las dos. Las tres de nosotras dormíamos como tres angelitos.

Cada noche, Charo llegaba a casa más tarde que nosotros, Ella se ponía su ropa de dormir, y se iba a la galería y se acomodaba en una de las mecedoras, y ahí se quedaba dormida. Alrededor de las 4 o 5 de la mañana, ella venia a la cama y se acostaba al lado de Zoila. Suerte que Zoila duerme bien profundo y no se daba cuenta. Una noche, Charo llegó a casa con la paloma un poco alta. La trajeron Marina y Arnaldo. Cuando intentamos (con la ayuda de Arnaldo) ponerla en la cama, ¡la cama se derrumbó! Todos caímos al suelo, pero Charo no se dio cuenta de nada. Dos de las patas en un lado de la cama se rompieron, así que ahora la cama estaba inclinada hacia un lado. Cada noche Zoila se acostaba en la cama con la cabeza inclinada hacia el lado arriba de la cama (en un espacio muy estrecho), a fin de dejar espacio suficiente para Charo. Y cada mañana cuando se despertaba, ahí estaba nuestra hermana, con su cabeza hacia abajo.

Durante nuestra estancia, algunos de nosotros sufrimos algunas lesiones. Una noche me levanté para ir al baño y en mi camino de regreso a nuestra cama, no vi un pequeño peldaño que conduce del baño al dormitorio. Me fui de cabeza, como dicen, y aterricé de espaldas en un escritorio. Me lastimé la espalda, la cabeza y los brazos. Pues bien, con el ruido que hice cuando aterricé, todas se despertaron. Ellas estaban muy asustadas y preocupadas. Encendieron la luz y me encontraron en el suelo, con mucho miedo, pues yo pensaba que me rompí algo. Me dolía mucho mi espalda. Originalmente, cuando escucharon el ruido, mis hermanas pensaron que era Charo que había llegado tarde y se cayó. Ellas me levantaron, y me ayudaron a ponerme de pie. Pero esto me era muy difícil. No sabíamos qué hacer. Todas querían ayudarme, pero ¿cómo? Loa consiguió un Vick Vapor Rub para aplicar en mis moretones, pero Zoila, que es médico, muy seriamente, dijo: "¿Cómo le piensas aplicar eso a la piel en carne viva?" Mi dulce Loa le dio pena. Zoila tenía razón. Se las arreglaron para llevarme a la cama y me acosté en mi lado. Y desde mi posición en la cama estaba en el medio, Loa y Maritza, a cada lado de mí, se sentaban en la cama cada 5 minutos, para ver si yo estaba viva. Era tan dulce verles preocupadas por mí. Traté de no dormir, sobre todo porque me dolía la cabeza, pero tenía mucho sueño. Así que pensé con toda honestidad, bueno, si no despierto mañana, si muero aquí, esta noche, no sería triste. Morir tan feliz debe ser una buena muerte. Pero la mañana siguiente estaba despierta y lista para la próxima aventura. Unos pocos magullones y dolores, pero nada tremendo.

Para la agenda del jueves por la mañana teníamos que reunirnos en el parque a las 10:00 A.M. Arnaldo se reuniría con nosotros allí, para llevarnos a la próxima aventura. Nos levantamos alrededor de las 6:30 A.M. porque no podíamos permanecer en cama por más tiempo, había demasiada emoción. Cada mañana, antes de cepillarse los dientes, nos sentábamos en la pequeña galería. Había 4 grandes mecedoras negras, bien cómodas. Solo éramos cuatro pues nuestra Charo aun dormía o se había ido antes que nosotras. Nos sentábamos allí a deleitarnos unas con las otras. A hablar de todo y de todos.

Una mañana, mientras hacíamos esta linda reunión, alguien llamó a la puerta y cuando le abrimos, era la vecina del segundo piso. Allí de pie, una amable joven, (pero no recuerdo su nombre), aguantando una bandeja con lindas tacitas de aromático café. Le agradecimos mucho este gesto generoso. Ella no nos conocía, simplemente estaba siendo buena vecina. Cuando terminamos, nos dispusimos a bajar y a caminar hasta el parque. Pero cuando bajamos, doña Iliria nos vio y nos llamó.

Ella estaba sentada en su patio, bajo un árbol, en una muy bonita mesa de mármol decorada y con cómodos bancos. Ella tenía el desayuno preparado para nosotras, incluido el chocolate caliente, yuca, huevos, queso suave fresco, aguacate y café. Nos sorprendió, no esperábamos esto. Fue un desayuno maravilloso. Después de comer y dar las gracias, efusivamente, nos encaminamos hacia el parque, solo a dos cuadras de distancia.

Un día, me excusé del grupo y me fui sola. Tenía que visitar a mi sobrina Noemí, que es la hija de mi hermana Felicia. Le amo y respeto muchísimo, ya que ella es un ser humano especial. Mis amigos se fueron a la playa de La Boca. Tuvieron un muy lindo y feliz tiempo allí. Lamenté perder ese paseo, pero necesitaba ver a mi familia también, y esa era la única oportunidad que tendría. El próximo plan era encontrarnos a la 1:00 P.M. en la casita de Dominicana en la colina. A la 1 de la tarde, Leandro me recogió en casa de Noemí.

Donde Dominicana tuvimos otra gran fiesta. Ella había estado cocinando toda la mañana para nosotros, incluyendo una cabra, arroz, frijoles y ensalada de col. Ella también había hecho arreglos para música en vivo. Nos quedamos allí por más de 5 horas, comiendo, bebiendo y bailando. Todo el mundo estaba borracho, ya sea de alcohol o de felicidad. (Creo que yo estaba borracha de ambos). Resultó que incluso nuestros amigos que estaban un poco delicados de salud (Sunsa, Leopa y Leandro) bailaban y se divertían de maravilla.

En la fiesta de Dominicana, conocí una joven mujer llamada Amy. Amy es la esposa de nuestro querido Ray. Yo sabía de su existencia, pero nunca le había conocido. Ella me simpatizó de inmediato, y nos hicimos compañeras de trago. Coincidimos en otras reuniones y siempre me simpatizó. Ella es una mujer muy inteligente y luchadora.

El viernes por la mañana nos sentamos en nuestras mecedoras y continuamos esta rutina diaria. Hablando de la noche anterior y sobre los planes de el día de hoy. Nuris nos ha enviado un mensaje; que estaba haciendo el desayuno para nosotros. Debíamos venir de inmediato, lo cual hicimos. Nuris fue un amor. Tan generosa y nos trató, al igual que todas nuestras anfitrionas, con el más sincero cariño y generosidad.

Todos nuestros amigos fueron más allá de toda expectativa en su tratamiento de todo el grupo. A veces de verdad nos sentíamos un poco culpables, porque sabíamos que todas estas fiestas, la comida, la música y las bebidas costaban mucho dinero. Pero ninguno de ellos nos permitía pagar nada.

Arnaldo me tenía una agradable sorpresa. Me llevó a un pequeño restaurante familiar, donde me esperaba un primo lejano mío. Rubí Bonilla. Antes de llegar a Cabrera, hablé con nuestros amigos y les dije que me encantaría encontrarme con alguien que conocía a mis padres. . Arnaldo conoce todo el mundo en Cabrera y el campo, y le hablo a Rubí por mí. Fue tan dulce ver a Rubí, y hablar con él. El se acordó de mí cuando era muy niña. Y me contó tantas cosas agradables de mis padres, principalmente, de mi padre, a quien no conocí. Estoy eternamente agradecida a Arnaldo por organizar esa reunión con Rubí. Después de un par de horas, tuvimos que irnos. Había otros planes esperando.

Para nuestro próximo proyecto, fuimos a dar una vuelta en el campo, donde visitamos dos hermosas villas, mansiones, simplemente bellísimas. Situadas en las Colinas, y con vistas al mar. Estas villas están rodeadas de inmensas fincas. Los propietarios de estas villas eran extremadamente amables y generosos con nosotros. Nos ofrecieron bebidas y nos pidieron permanecer por un rato más. Les dimos las gracias y continuamos hacia nuestra próxima visita. En esta otra lindísima villa también fueron muy amables con nosotros. Nos regalaron unas cuantas botellas de vino. Ellos cultivan uvas y producen su propio vino. Viven en un lugar muy lujoso, pero requieren muchos medios de seguridad personal y a la propiedad; incluyendo varios perros de guardia 24/7. Es la única forma en que se sienten seguros.

A partir de ahí fuimos a ver a Oscar Ramón (Oscarcito) y su esposa, que eran buenos amigos de mis amigos. Yo recuerdo a sus padres, contemporáneos de mi niñez, pero no a él.

Esta fue una gran fiesta. Nuestros anfitriones nos tenían dos inmensos jabalíes asados, crujiente y deliciosa carne. Yo estaba en las nubes. Nunca había probado esta carne antes. Era como la carne de cerdo, pero menos grasa, a todos nos encantó. Una vez más, todos bebieron y bailaron y sudaron. Y de nuevo, teníamos música en vivo, interpretada por una joven pareja de músicos (eran esposos), muy amables y talentosos. Nos deleitaron con merengue, salsa, bachata y hasta música mexicana. La esposa de Oscar y su tía fueron unas anfitrionas maravillosas; bailaron con nosotros y constantemente nos ofrecían más comida y más tragos, y más cariño. Este hogar es muy lindo y grande también. Mucho terreno alrededor y muchos árboles preciosos.

A la mañana siguiente, tomamos nuestro desayuno donde nuestra generosa Doña Iliria. Luego caminamos hasta el parque, ya empezaban las fiestas de los Cabrereños ausentes. El parque y las calles se empiezan a llenar de gente que regresan, una vez más, como cada año, para celebrar el pueblo de su nacimiento o infancia. Durante aproximadamente dos horas, coches, camiones, camiones de bomberos, ambulancias, motocicletas, personas caminando, de todo, hacen su entrada por la calle Duarte para llegar al lugar de encuentro. Fue todo muy emotivo para mi, era la primera vez que lo disfrutaba. Como parte de la celebración, se realizan juegos, bailes, música y otras actividades.

Para mi eran tantos sentimientos encontrados. Miraba a mí alrededor y veía tanta gente desconocida, pero que tenían en común conmigo el hecho de amar

Cabrera. Se sentía tan extraño pues en mis memorias, todos los Cabrereños nos conocíamos, sabíamos los nombres, las calles, todo. Pero hoy me sentía una extraña.

Una de estas actividades era el juego de Bolley-ball. Nuestra hermana Zoila, en su juventud había sido campeona de este deporte y había orgullosamente representado nuestro país internacionalmente. Al ver estas chicas jugando su deporte favorito, Zoila se les unió y felizmente participo en el juego. Pero ella calzaba sandalias, o chancletas, y en dado momento resbalo y se lastimo ambos brazos.

Después del accidente, se sentó y no dijo nada. Ninguno sabíamos cuánto dolor ella sufría en ese momento. (Ella es tan valiente.)

En ese momento yo estaba sentada un par de sillas de distancia, y me aplicaba toallas de agua helada en mi cabeza y la cara. Una de las bolas de bolley-ball me había golpeado en la cara, lo que me causó mucho dolor en mi cara y la cabeza. Así, una vez más, yo estaba con dolor, pero feliz.

Alguien me dijo que Zoila también resultó lastimada, y cuando me acerqué a ella y vi el dolor en sus ojos, le di mi compresa de hielo. Mire sus brazos y manos, me di cuenta de que estos reposaban en una forma poco natural, fui a buscar ayuda donde nuestros amigos. Ella también sabía que algo estaba mal, pero no quería decir nada. Su madre estaba sentada a unos asientos de distancia de ella y no quería preocuparla. Encontré a Migdalia y Dominicana y les mostré lo que vi. El marido de Migdalia, Luis, que es médico también, se acercó y echó un vistazo. Se decidió llevarla a la ciudad más cercana para los rayos x.

Ellos confirmaron que tenía dos pequeñas grietas en sus huesos. Doña Vida también estaba allí con nosotros, naturalmente tan triste al ver su hija con dolor. Fuimos donde Nuris y esta decidió que Zoila y Doña Vida debían quedarse a dormir en su hogar.

Ella renunció a su propia cama para que nuestra amiga estuviese más cómoda. Zoila sentía mucho dolor. Le administramos su medicina para el dolor y la llevamos al dormitorio para prepararla para la cama. Nuris y yo nos ocupamos de prepararla como si ella fuese nuestra hija.

Después de que ella estaba lista para ir a la cama, me fui con Dominicana. Tenía que ir a mi habitación para prepararme para salir a la mañana siguiente. Cuando llegué frente a mi apartamento, le dije a Dominicana que todo estaría bien, que se fuera tranquila. Yo quería que ella se fuera a su casa a prepararse para la salida del día siguiente. Ella tenía mucho trabajo por hacer. Naturalmente, yo tenía miedo de ir a mi habitación sola. Pero yo no quería que mi amiga se diera cuenta, porque entonces yo sabía que no me dejaría sola. Subí las escaleras y miré a mi puerta, con miedo de abrirla. Decidí dar la vuelta y sentarme en las escaleras.

Nuestras amigas Maritza, Loa y Charo estaban en el parque para el baile de la última noche. Ellas lo pasaron genial. Alrededor de las 11:30 P.M. pasó Yova por frente de la casa y me vio sentada en las escaleras.

Ella dijo: "¿Qué haces ahí?" Le mentí y le dije que la habitación estaba demasiado caliente y yo estaba esperando hasta que se enfriara un poco. Se sentó allí conmigo durante unos minutos. Yova es pura dulzura. Le dije que se fuera que ya yo pronto iría a mi habitación. Yo sabía que también ella necesitaba preparar su viaje de regreso.

Alrededor de las 1:30 de la mañana, vi a las chicas que regresaban. Me sorprendí un poco, pues con ellas venia Charo también. Era la primera noche que Charo regresaba a casa con las chicas. Cuando estaban un poco cerca, me levante y subí las escaleras, abrí la puerta y me quedé allí para recibirlas. Maritza se quedó abajo por un poco de tiempo para comprar algo de comer. Nunca les dije que había estado sentada en las escaleras durante más de tres horas. Mi miedo es irracional, pero es mi miedo.

El domingo por la mañana Maritza se levantó más temprano y se dispuso a salir. Ella se regresaba a Puerto Plata. Tan triste despedirnos. Yo me prepare también pues me reuniría con Dominicana. Iba a viajar en su carro. Loa y Charo se iban a quedar en Cabrera durante 5 días más, pero en otro apartamento. Charo fue a vivir con unos parientes que habían estado distanciados hacia años. Ellos la trataron muy bien y ella estaba feliz. Todos estábamos muy felices por Charo, ya que ella fue capaz de volver a conectar con sus parientes.

Por razones personales, tenían mucho tiempo sin contacto como familia. Así que esta era una situación muy emotiva para ambos lados.

Loa se fue con su familia. Quería aprovechar la oportunidad para arreglar algo en su casita de Cabrera. Antes de despedirnos, nos fuimos todos donde Nuris para ver cómo seguía nuestra Zoila. Afortunadamente, se sentía mucho mejor y había dormido bien, así que estábamos felices por ella. Nuris de nuevo nos tenía el desayuno preparado, incluyendo mangos frescos, aguacate y queso fresco. El desayuno donde Nuris era una delicia, cada vez.

Alrededor de las 11:30 A.M. Dominicana, Arnaldo, Leandro, Zoila, Dona Vida y yo salimos para la capital. Todos íbamos con el Corazón pesado. Sólo nuestros cuerpos se iban. Mi corazón (y estoy segura, el de todos mis amigos por igual) se quedaría en Cabrera.

Dominicana y yo fuimos a su casa. Tenía tres días más antes de mi viaje de regreso a Nueva York. Durante ese tiempo, fui a visitar a mi hermano Mario, Fefa y sus hijas, Heidi y Lisa. Su hogar es un hogar feliz. Mario y Fefa todavía trabajan, pero sus puestos de trabajo son muy flexibles. Vuelven a casa para el almuerzo, salen del trabajo temprano, si es necesario, etc. Heidi, la hija mayor, está casada y tiene dos hijos adorables. Heidi y su esposo Nelson, han construido un apartamento en el segundo piso, encima de la casa de sus padres. Todo el mundo está feliz con este arreglo. Los abuelos ayudan con los nietos, los nietos se añoñan con los abuelos.

Esta visita, por primera vez, después de muchos años, me sentí cómoda de estar cerca de mi hermano Mario. Tuvimos una muy larga conversación, sin ser específicos, sobre cuestiones de la vida. Nos dimos un abrazo muy bueno. Me alegré de poder abrazarlo con el mismo sentir de cuando era mi hermano y siempre nos sentíamos protegidas por él. El hermanito mayor, flaco y feito, que se iba a las fincas a trabajar, para buscarnos que comer. Al partir de aquí fui a visitar a una amiga muy querida e importante para mí, Mireya.

Mireya es la amiga que nos recibió, a mí y mi hijo Julio, cuando regresamos a la República Dominicana en 1975. Ese fue el año que escapé de mi primer esposo. Recuerda, siempre escapa, no confíes en un esposo enojado, y menos si casi siempre esta borracho, uh, muy peligroso. Mireya y yo trabajamos juntas en La Manicera, en el departamento de nuestro amigo Ramírez, junto con Mirian, Esperanza y Luz, formamos un grupo muy feliz. Trabajé por dos años allí, años maravillosos. Yo era tan feliz en este ambiente de trabajo. Al mismo tiempo que yo estaba trabajando en este lugar, Tato y Rey también estaban allí, en otro departamento. No recuerdo verles a menudo, ni tener mucho contacto con ellos. Qué pena, en esos años mi vida estaba demasiado llena de mis preocupaciones como esposa fugitiva, madre soltera, etc., muy llena en verdad. No tenía tiempo ni la tranquilidad emocional para conectar con mis sentimientos o mi vida pasada. Era el momento y el lugar equivocado para que enfocar en estas cosas.

Como siempre, ver a Mireya me llena de gozo. Ella es un ser humano muy noble. Ella era (y sigue siendo) una persona muy especial a quien admiro y respeto. Su único hijo vive fuera pero tienen una linda relación, madre/hijo. De este lugar continuamos mi leal amigo Leo y yo a visitar mi amada tía Fresa.

Fresa y su buena amiga Alba (otra Alba, no es mi madrina) habían preparado un gran almuerzo para mí. Leo y yo tuvimos algunos contratiempos para encontrar su dirección. Cuando finalmente llegamos, fue de mucha alegría de parte mía y de mi tía.

Fresa siempre me llama "mi hija" y me ama como a una hija y yo la quiero como una madre. Sus hijos son mis primos, pero más que eso, son mis hermanos. Nos sentamos y hablamos mientras disfrutábamos de la deliciosa comida. Arroz y frijoles, chuletas y ensalada. (Ella sabía que me gustaba la carne de cerdo). No me quedé mucho tiempo, ya que mi amigo Leo tenía obligaciones familiares que le esperaban. Me llevo de nuevo donde mi amiga querida, Dominicana.

Esa noche me recogió donde Domy, mi dulce amigo y hermano, Tato. Tato, su nombre real es Manuel Tejada, pero Tato es el nombre que le llamábamos durante nuestra infancia, y todavía hoy. Me gusta mucho ese nombre. Tato llego a recogernos a Domy y a mí, pero Domy no se sentía con ganas de salir esa noche. Le comprendimos, y le dimos su espacio, pero solo por unas horas. Sin tenerlo planeado, volveríamos a asaltarla con nuestra presencia. Tato y yo fuimos a la Zona Colonial, (Ciudad Colonial), donde nos encontramos con Nuris, Yova y Arnaldo. Fuimos a dar un paseo por el área, caminando dulcemente, hablando, abrasándonos, y naturalmente, tomando nuestras frías.

Estábamos felices, sanamente, como suelen sentir los niños. Este lugar es siempre tan hermoso, pero durante las noches, esas luces le hacen sentir como en otra dimensión. La ciudad mantiene el diseño original que los invasores europeos habían dado, pero las nuevas estructuras, aunque mucho más modernas, todavía conservan un toque antiguo.

Siempre hay música en vivo, bebidas y mucho arte, incluso durante la noche. Las luces te invitan a caminar y la sensación es como si viajaras en una ciudad encantada.

Después de unas cuantas horas, Tato sugirió que fuéramos a comprar chicharrón en un lugar increíble. (Chicharrón, yuca, batatas fritas y más cervezas por supuesto). Decidimos ir a casa de Dominicana y darle una sorpresa. Llegamos allí y ella se puso feliz de vernos. Cenamos, y tomamos más fotos. Era tarde ya, alrededor de las 11:30 de la noche. Tato y Arnaldo son hombres casados. Tenían esposas esperando en casa, por lo que se levantaron, caminaron hacia el ascensor y salieron. (Nadie dijo 'adiós' o 'good-bye', nadie quería decir esta palabra, en ningún idioma.

La noche siguiente, nuestra querida amiga Yova y su tan amable esposo Baltazar, nos invitaron a venir a su lindo hogar y tener un momento de tranquilidad, sólo hablando y recordando un poco más. Dominicana no tenía ganas de salir, comprendimos y la excusamos. Esta vez, Leandro me recogió. En el hogar de nuestra Yova, nos sentamos en el patio. La noche estaba fresca e invitadora. Una luna bellísima nos alumbraba, plantas y música agradable complementaban el ambiente de hermanos. Baltazar, nuestro querido hermano, con su habitual amabilidad, nos brindaba bella música, música de nuestra infancia. El estaba feliz y nos hizo sentir tan bien recibidos en su hogar.

Nuestro pequeño grupo estaba formado por Zoila, Arnaldo, Nuris, Leandro, Migdalia y yo. Y los anfitriones, Yova y Baltazar. Nos despedimos temprano ya que al día siguiente me regresaba de nuevo a mi hogar, NY.

Un par de días antes, mi hijo Nelson había llamado para decirme que estaba viajando a Santo Domingo la noche antes de mi partida. Me dijo que estaría hospedándose en un pequeño hotel que está situado en Boca Chica. Me pidió que saliera temprano para que tuviese tiempo de desayunar con él. Así que nos pusimos de acuerdo para disfrutar el desayuno, y a la vez yo ver mi cabezón. Se alojaba en este hotel pequeño y muy privado en una zona muy apartada de Boca Chica. Me envió la dirección e instrucciones de cómo llegar allí. Fue muy conveniente debido a que el lugar estaba justo en mi camino al aeropuerto.

Le pedí a Leo que me recogiera dos horas más temprano para que pudiésemos parar y ver a Nelson. Llegamos allí media hora temprano. Pensé que tendría que esperar, pues me imagine que Nelson estaría durmiendo todavía. Él acababa de llegar después de la medianoche. Pero mi encantador hijo ya estaba esperando a su mamá. Y yo feliz de vele. Los tres tuvimos un desayuno fantástico. Pedí jugo de papaya fresca y un poco de limón, solo para empezar. Luego pedí un pescado asado grande, recién capturado, con tostones. Ahhh, que delicia. Mi hijo me dice que este lugar es su favorito por dos cosas, la comida y la privacidad.

Regrese a Nueva York, a mi otra familia. Pero en mi corazón sabía, que estaría de vuelta.

Una Carta a Mis Nietos

Cuando empecé a escribir mis memorias, no sabía cómo iba a concluirlas. Esto no fue una tarea fácil, ya que cada día se acumulan nuevos recuerdos. Sin embargo, un pequeño pajarito, cuyo nombre empieza con K, me dijo, "¿Por qué no la terminas con una carta a tus nietos?" Salté a esta sugerencia. No había nada mejor que tener la oportunidad de hablar con ustedes. Al momento de leer esta carta, ya tendrán una idea muy buena de mi vida, mi vida increíble.

Sí, he tenido una vida increíble, interesante y feliz. Yo se que se preguntaran: pero abuela, tanto sufrimiento, tantas luchas, ¿cómo podría su vida ser otra cosa que .....

Es por eso que necesito hablar con ustedes. Saben, la vida es lo que hacemos de ella. Y una herramienta muy buena a tener y cultivar, es saber cuándo dejar de lado, dejar atrás, el pasado y no quedarse aferrado al dolor o sufrimiento o la ira, porque ya paso, ya es otro día…

Cuando somos muy jóvenes, no tenemos control de nuestras vidas, así que es lo que es, nos toca aceptar lo que nos asignan. Pero, ya de adultos, tú tienes el poder para decidir lo que funciona para ti, está en tus manos hacerlo, tienes el poder. Debes saber que necesitas disciplina para logra tus sueños. Debes trabajar duro en lo que quieres, en tus sueños, en tus ideales. Debes aprender a depender de ti mismo para tu felicidad, para tus logros. Y trabajar duro por ello, no sólo sentarse y quejarte de la vida.

Debes saber que es importante pedir ayuda, si es necesario, pero conocer y confiar en quien estas abriendo tu corazón.. Pedir ayuda a la gente que tu sabes tienen y desean lo mejor para ti. Te podría sugerir a tus padres, hermanos, abuelos, etc.

Hablando de tus padres, en ocasiones, van a tener que decirte 'No'. Normalmente te enojaras con ellos. Está bien. (Créeme, ellos saben mejor.) Sé que es difícil aceptarlo o creerlo en el momento, pero según vives, según creces emocionalmente, te darás cuenta que ellos casi siempre tenían la razón. Pero al final, tú tienes que seguir tus propias opiniones, tu propio camino. Solo debes estar preparado para trabajar duro, ser disciplinado, y continuar aprendiendo de los tropiezos, de las dificultades, aprende y continua por el buen camino, aunque este sea difícil. Ten fe de que mañana puede ser mejor.

Mi nieta / Nieto, lo principal en la vida es estar en paz con ustedes mismos. No importa dónde o cómo, solo busca y encuentra ese equilibrio. Espero y deseo que trates a las personas, todas, con respeto y dignidad. Espero que todos los 7 de ustedes se amen y se preocupen por los demás. Todos ustedes me tienen a mí en común y yo les tengo a todos en mi corazón.

No permitan que las diferencias les mantengan separados. Es posible que no estés de acuerdo con los otros a veces, lo que está bien, ya que cada uno de ustedes es único. Pero por favor no den la espalda a los otros, no dejen de comunicarse. Por favor, Dorian, Eric y Maya, siempre miren y cuídense, el uno al otro, sean una familia. Justicia y Juniper, por favor siempre sigan siendo las buenas y amorosas amigas y hermanas que son hoy. Noah y Lila, por favor siempre ámense y sean el buen hermano y hermana que son hoy, se cuidan entre sí.

Donde quiera que yo este cuando ustedes lean esta carta, créanme que aunque no esté físicamente a su alrededor, les prometo que estaré siempre cuidándoles y velando por ustedes. Les estaré amando y protegiendo.

Me considero una persona positiva feliz, pero mi principal fuente de felicidad, mi mayor placer en la vida, es cuando tengo la oportunidad de estar cerca de ustedes. Gracias por ser tan buenos y amorosos conmigo. Estoy eternamente agradecida a mis hijos y mi hija por darme el mejor regalo de mi vida - Al ser una ABUELA. Miro a cada uno de ustedes, la relación entre padres/hijos, y mi corazón late con más fuerzas. Es la culminación de mis sueños, ver mis nietos amados y protegidos, creciendo en hogares donde ellos son la prioridad.

Estoy eternamente agradecida con cada uno de ustedes por su amor.

También estoy agradecida de que esta tarea de amor de abuela ha sido compartida con un hombre maravilloso. Richard es y siempre ha sido un abuelo increíble y un hombre bueno. Gracias, Ricardito, por tu paciencia conmigo.

Agradecimientos

Voy a comenzar con la persona que me animó y me inspiró a escribir mis memorias, Karen Rosenberg. Ella me dio el valor para seguir escribiendo algo que había comenzado hace aproximadamente 15 años, pero tenía miedo de continuar. Ella me dio ejemplos de las memorias de otras personas, me dio consejos sobre el desarrollo de mis ideas y me dio la confianza para simplemente escribir libremente. Su actitud positiva y su amor hacen posible este libro. Además, editó mi trabajo, (en ingles), y corrige los muchos errores gramaticales que hice. Tantas gracias mí querida Karen. Mi amigo, Tom McDonald, también me ayudó a editar y preparar el formato apropiado para el libro. Así como la creación de la cubierta del libro y me oriento hacia la casa editorial, Authorhouse. El es un famoso poeta y escritor, ha escrito tantos libros y tiene mucha experiencia navegando estos asuntos. Tu generosa y experta ayuda, hicieron este libro posible. Gracias Tom.

También quiero dar las gracias a toda mi familia, especialmente a mis hijos, por su apoyo y aliento, cada vez que he mencionado mi idea de escribir este libro. Mis dos nietas de más edad me ayudaron para buscar títulos apropiados para mi libro. Gracias, mis queridas niñas. Finalmente tome uno sugerido por Karen. Este libro fue originalmente escrito en Ingles. (Karen y Tom editaron mi edicion en English). Para editar la version en Español doy las gracias a mis amados hermanos, Felicia y Manases. Doy gracias a mi hijo Julio por su bella obra de arte que he utilizado para la contraportada. Esta pintura fue hecha hace mucho tiempo como un regalo de Navidad para mí. Cuando he mencionado mi libro sobre mi vida, el me dijo que esta pintura sería apropiada. (Estoy de acuerdo y te agradezco querido hijo). También agradezco a Jennifer, la esposa de mi hijo Julio. Tan pronto se entero de que mi libro seria publicado, se encargo para preparar un 'book signing' evento, gracias. Doy gracias a mi hijo mayor Nelson, simplemente por siempre estar ahí para mí, y por hacerme sentir un sentimiento tan lindo en mi corazón. Gracias mi cabezón amado. Gracias a Richard, mi marido por su paciencia. Cuando yo estaba escribiendo, le pedía ayuda tantas veces para la ortografía de muchas palabras, cuando hice la version en Ingles.. Les pido a todos mis amigos de habla Español que me excusen las faltas de ortografía en este libro. Por último, gracias a mis amados "Amigos Para Siempre". Gracias por hacerme revivir los sentimientos dormidos en mí, de nuestros años mozos, y por tantas cosas más. Gracias por ser mis hermanos del Corazón. Siento que mi reencuentro con todos ustedes fue la motivación para finalizar mi libro. Yo quería hablar de cómo comenzó todo con ustedes. Con ustedes aprendí a amar como se ama un hermano. Mis hermanos de sangre aprendí a amar y a conectar muchos anos después de ustedes. La vida y la distancia se interpusieron entre nosotros. Yo les amo a todos y a cada uno.

El Libro Sacado del Fuego

La niña era, oh, tan feliz;
Sí, es lo que ella ha dicho;
Ella de alguna manera solo imaginó la alegría,
Cada mañana al levantarse de la cama.

El tiempo fue hace muchos años atrás,
En un lugar más traumatizante;
Y la tristeza se fundió en el río;
Ignorada, así en su cara.

Los detalles de la historia completa
desmentida como trucos de niño;
No se trata de lo que te acuerdes,
Se trata de lo que tú elijas hacer con ello.

A lo largo de los caminos que te toque caminar,
con la fruta que cae de los árboles:
Es más fácil ser golpeado por el sol;
Es más difícil lograr sentir la brisa.

¿Recuerda la risa silenciada?
Cómo juegan los niños?
Ella agarró el libro de dentro del fuego
Y por lo tanto, hoy sonríe.

---- *TP McDonald*

Printed in the United States
By Bookmasters